人民检察院法律政策研究室主办

问 柯汉民

主编 万春

检察 调研与指导

2015年第2辑（总第3辑）

中国长安出版社

图书在版编目（CIP）数据

检察调研与指导 . 2015 年 . 第 2 辑 / 万春主编 . —— 北京：中国长安出版社 , 2015.4
ISBN 978-7-5107-0907-4

Ⅰ . ①检… Ⅱ . ①万… Ⅲ . ①检察机关 – 工作 – 中国 – 文集 Ⅳ . ① D926.3-53

中国版本图书馆 CIP 数据核字 (2015) 第 076383 号

检察调研与指导

（2015 年第 2 辑）

万　春　主编

出版：中国长安出版社

社址：北京市东城区北池子大街 14 号　　（100006）

网址：http://www.capress.com

发行：中国长安出版社

电话：(010) 53390190　85099948

印刷：北京海纳百川印刷有限公司

开本：787mm×1092mm　1/16

印张：8.5 印张

字数：198 千字

版本：2015 年 4 月第 1 版　2015 年 4 月第 1 次印刷

书号：ISBN 978-7-5107-0907-4

定价：30.00 元

出版说明

　　党的十八届四中全会通过的《中共中央关于全面推进依法治国若干重大问题的决定》，是部署和指导全面推进依法治国、建设社会主义法治国家的纲领性文件，其在保障严格司法、规范司法行为、深化司法改革等方面作出的专门部署，对于检察工作将产生重大而深远的影响。《决定》提出了许多世所瞩目的改革举措：跨行政区划设置人民法院和人民检察院，建立领导干部干预司法活动、插手具体案件处理的记录、通报和责任追究制度，建立检察机关提起公益诉讼制度，推进以审判为中心的诉讼制度改革等，给检察工作带来了新的机遇和挑战。加强对这些重大改革和检察工作新情况、新问题的探索、思考和研究，每一个检察人责无旁贷。

　　为了给广大检察调研人员和业务骨干提供一个讨论问题、交流经验、指导工作的平台，经最高人民检察院主管领导批准，最高人民检察院法律政策研究室与检察日报社共同创办了《检察调研与指导》。其面向和服务于全国检察机关特别是基层检察干警和基层检察工作，以推进检察业务研究、丰富检察应用理论、指导司法办案实践为宗旨，力求覆盖面广，信息量大，观点新颖，研讨深入，具有较强的实践性、理论性、指导性和权威性，能够使检察干警及时了解最高人民检察院及其法律政策研究室的工作部署，掌握最新司法解释，交流专题调研成果和办案经验，提升检察业务工作水平。

　　《检察调研与指导》以连续出版物的形式公开出版，每年出版六辑，每两月出版一辑。栏目主要有：高层声音、专题调研、实务研究、案例剖析、法意阐释、案例指导、典型经验、司改前沿、基层风采等。

　　自《检察调研与指导》创办以来，广大检察干警倾注无限热情，给予高度关注，积极撰稿、投稿；各级检察机关研究室组织、宣传、发动，认真做好本地区、本单位的发行征订工作。大家的理解和支持是我们做好编辑、发行工作的不竭动力，期待着您一如既往的支持和精心备至的呵护。

《检察调研与指导》编辑部

目录

总顾问： 柯汉民

主　任： 万　春

副主任： 王守泉　韩耀元　王建平

委　员：（以姓氏笔画为序）

马红彬　马　涛　于新民
王传红　王保权　王秋丽
王　莉　王　磊　卢宇蓉
乐绍光　刘　建　刘春雷
吕天奇　朱春莉　闫俊瑛
齐智文　张和林　李兴友
李　萍　李清亮　苏金基
宋光文　宋燕敏　杨英华
杨洪广　吴孟栓　吴建雄
陈友聪　金　石　周代洪
庞立强　罗　军　孟燕菲
侯民义　侯海峰　段凌云
郝　瀚　桂万先　陶建平
唐保银　缐　杰

主　编： 万　春

执行主编： 缐　杰

执行副主编兼编辑部主任： 苏晓红

编辑部副主任： 张志玲　杨安瑞

编辑主管： 张佳立

编　辑： 张晓泽　倪爱静　李　多
　　　　　陈长均

美术编辑： 郭山泽

营销主管： 陈玉玲

编辑热线： 010-68630476 / 88953983

订阅热线： 010-68633697 / 53390190

投稿邮箱： jcdyyzd@163.com

CONTENTS

理论探讨

热点畅言

司改前沿

观点摘要

读者来信

检察文苑

关于印发《2014年省级人民检察院法律政策研究室工作情况通报》的通知

高检研〔2015〕6号

各省、自治区、直辖市人民检察院法律政策研究室,新疆生产建设兵团人民检察院法律政策研究室:

现将《2014年省级人民检察院法律政策研究室工作情况通报》印发给你们。2015年的法律政策研究室工作,请参照已下发的工作要点做好安排。

最高人民检察院法律政策研究室

2015年2月15日

2014年省级人民检察院
法律政策研究室工作情况通报

2014年，各省级人民检察院法律政策研究室认真贯彻落实党的十八大和十八届三中、四中全会精神，紧紧围绕全国检察长会议部署，按照高检院和各省级院党组安排，围绕中心工作，积极开展检察调研和理论研究，发挥参谋助手作用，扎实做好各项工作，在推进检察工作科学发展中作出新贡献。

一、发挥新型智库作用，服务中心工作

各省级院研究室积极开展工作，在推进检察工作服务本地区经济社会发展中发挥了新型智库的重要作用。

一是围绕本地经济社会发展重大问题深入调研，发挥以文辅政参谋助手作用。天津、江西、湖南、四川等省级院研究室着眼法治重大问题深入调研，分别起草了本地区法治建设规划发展相关文件，明确了本地区法治建设具体目标和实施意见，并承担了检察机关服务法治建设办公室日常工作。广东、甘肃、青海、江苏、海南等省级院研究室起草了本省检察机关服务全面深化改革的指导意见，提出具体工作措施。其他各省级院研究室也都着眼本地区经济社会发展重大问题和党委政府重大决策的贯彻落实，积极开展调研，发挥参谋作用。内蒙古区院研究室起草了贯彻落实自治区党委全委会议精神的意见等重要文件。山西省院研究室起草相关文件，为检察机关服务加快推进综改试验区建设提供了具体思路。河南省院研究室组织省检察院2014年度平安建设工作的汇报、考核、测评，

并起草相关署名文章。湖北省院研究室研究制定有关充分发挥检察职能服务科技创新创业、推动科技成果转化应用的实施意见。安徽省院研究室积极回应省委省政府关于大力发展民营经济的决定，起草了《关于服务和保障民营经济健康发展的意见》。浙江省院研究室结合省情，围绕民间买卖兑汇票、新兴媒体引领等问题开展专题调研。广西区院研究室起草了关于加强社会治理能力建设和建立调处化解矛盾纠纷综合机制等重要文件。云南省院研究室围绕省政府决策，由检察长牵头，开展"云南环境保护司法保障"和"加强云南禁毒司法对策研究"有关课题研究。四川省院研究室落实省反恐维稳工作会议精神，完成有关藏区维稳、打击邪教等调研报告，受到高检院和省委领导重视。

二是围绕检察工作重大问题开展研究，积极为领导决策提供参考。北京、上海、湖北、河北等省级院研究室紧紧围绕修改后刑事诉讼法、民事诉讼法贯彻实施情况开展调研，并做好向人大常委会汇报的相关工作。北京市院研究室指导第三分院建立涵括800余件案例的"涉法舆情信息案例库"，完成检察机关涉检舆情引导实证研究，为市委政法委涉法舆情研究提供案例参考。广东、广西、宁夏、重庆、新疆等省级院研究室积极开展规范司法行为相关调研，为向人大常委会报告规范司法行为工作情况做好准备。江苏省院研究室按照院党组部署，就检察工作标准化与效能化建设、基层一线司

法办案骨干配置和培养、基层行政执法与检察监督衔接机制建设等问题开展系列调研。甘肃省院研究室积极协助高检院研究室调研关于办理危害药品安全刑事案件司法解释相关问题。新疆区院研究室结合实际提出反恐法修改意见建议。

三是围绕司法办案开展法律应用研究，积极服务业务工作。四川、湖南、新疆等省级院研究室推动与省高院会签出台关于抢夺罪的具体数额执行标准。辽宁省院研究室先后向高检院研究室提出 3 项司法解释立项建议。北京市院研究室围绕办案中的难点问题，开展了"不批捕、不起诉职权行使"、"案件办理与管理机制"、"推进检务公开"等专项调研活动。浙江省院研究室对基层院不批捕、不起诉等终结性检察决定公开审查和宣告制度、审查逮捕案件公开听证制度以及羁押必要性公开审查制度等探索性工作加强调研论证和指导。重庆市院研究室就捕后羁押必要性审查、非法证据排除、强制医疗、"违法所得"认定及款物处置机制等问题深入调研，形成调研报告 15 份。广东省院研究室强化了对职务犯罪中非法证据防范和排除相关问题研究。湖北省院研究室从办案中提炼出"利益输送"型职务犯罪、"公错"与"私罪"界限等问题，深入开展研究。

二、紧跟决策部署，服务检察改革

各省级院研究室围绕检察改革中的重大问题积极开展调研，发挥了规划设计、组织协调和参谋助手等作用。

一是协助决策部门做好检察改革日常工作。各省级院研究室积极承担检察改革规划、方案的调研论证和起草实施等工作，发挥了"参谋部"的作用。如广东省院研究室参与了全省检察改

革试点方案起草工作。上海市院研究室共起草或者修订检察改革工作文件 68 项，参与制定 11 项。吉林省院研究室加强对检察改革的指导，密切跟踪、了解试点单位做法，及时总结推广改革经验。黑龙江省院研究室起草了《黑龙江省检察体制改革试点工作实施方案》，并开展了林区、农垦区检察体制改革调研，起草了《农垦区、林区检察院移交工作方案（草案）》。

二是在检察改革工作中积极发挥组织协调作用。各地研究室在检察改革中积极发挥牵头作用，建章立制，督促落实，充分发挥了组织协调作用。如广东省院研究室加强与省人大、省委政法委、省委组织部等相关部门的沟通联系，共同研究解决改革中遇到的问题。西藏区院研究室建立了检察改革工作定期汇报联系制度，规范了全区检察改革信息报送工作。青海省院研究室加强与省委组织部、省编办、省财政厅、省人社厅等单项试点工作牵头单位的横向协作，多次召开协调会议。

三是积极开展检察改革重大问题的调研。各地研究室结合本地实际，围绕检察改革重大问题积极开展调研，形成调研成果，服务领导决策。湖北、江苏、北京、海南等省级院研究室集中力量对司法责任制等问题进行调研，制定检察官办案责任制相关配套制度。上海市院研究室针对检察官职业保障、专业化办案组织开展域外检察制度比较研究，就检察改革理论动态进行专题汇总，供市院领导参考。贵州省院研究室参与完成了"司法队伍建设"、"经费保障、资产管理及债务情况"、"司法官薪酬制度改革"、"司法责任制完善"等专题调研报告。北京市院研究室就设立跨行政区划检察院及其受理案件

范围、管辖衔接等问题开展专题调研。河南省院研究室完成深化检务公开，健全完善涉法涉诉信访工作机制，健全冤假错案防止、纠正和责任追究机制等改革的专题调研。

三、强化组织领导，提升调研水平

各省级院研究室围绕检察中心工作开展调研，水平不断提升，调研成果发挥了积极作用。

一是调研工作始终贯穿问题意识。各省级院研究室注重问题导向，紧紧专注检察改革与实践中遇到的新情况新问题选好主题，有针对性地深入调研，推进问题解决。如广西、天津就服务和保障农村改革发展、服务本地区特色经济开发区建设问题，山东围绕本地区治安稳定形势问题，河北针对检察公信力建设问题，湖南针对基层检察机关如何参与社会治理问题，新疆兵团针对兵团检察院的法律地位和作用问题，海南针对五指山涉林渎职犯罪问题等开展调研，体现出鲜明的问题意识和地方特色，相关调研成果受到党委、政府和院党组的高度重视。

二是注重调研工作规范化建设。各地调研工作中注重整合力量，上下联动，规范化建设不断加强。如西藏、贵州结合地区工作实际，制定规范性文件，明确了调研计划制定、调研方式运用、调研成果转化和调研纪律等要求。天津强化了调研工作的宏观部署和成果考核。新疆兵团加强了对各师分院的调研量化考核。

三是高度重视调研成果转化应用。各省级院研究室采取多种途径，积极推进相关调研成果转化，或报送相关领导参阅，形成工作决策或部署；或提供立法部门参考，推动相关法律法规修改完善（如江苏省院研究室对贪污贿赂

犯罪人罪标准、行政执法和刑事司法衔接立法等问题进行专题研究，通过代表议案向全国人大提交；陕西省院将调研成果向全国政协双周协商座谈会报送）；或加强与办案部门交流，发挥指导司法办案作用（如福建省院研究室开展法律适用问题调研，都将调研成果形成简报，送省院相关办案部门参考）。不少省级院研究室还积极会同办案业务部门、人大代表、政协委员开展联合调研，形成"大调研"格局，促进成果直接转化应用。如黑龙江省院由研究室牵头，动员相关业务部门参与，联合高校等外部力量，积极开展相关调研，并通过举办专题笔会形式开展调研成果交流。广西区院研究室与全区各民主党派、人大代表、政协委员组成调研组开展联合调研，取得良好效果。

四、着眼规范化建设，加强检委会工作

承担检委会办事机构职责的省级院研究室，认真贯彻落实全国检委会工作座谈会精神，严格执行检委会工作制度，认真做好检委会议题审核、会务保障等工作，检委会工作规范化程度不断提升，作用得以更加全面充分发挥。

一是加强检委会规范化建设。各地积极推动检委会办事机构和人员配备的充实完善，规范检委会议事范围和程序，落实检委会学习制度，强化检委会工作能力建设，促进检委会议事决策水平的提升。如上海市院研究室组织力量就检委会工作情况开展调研，推动检委会议事能力建设相关问题的解决。天津市院研究室坚持落实检委会集体学习和专题培训制度。江苏省院研究室进一步推动检委会工作制度的完善，规范了检委会委员准入机制和选任条件，完善了委员退出机制，打造业务型检委会。

二是狠抓对下工作指导。各省级院研究室采取多种举措加大对下级院检委会工作指导力度，着力强化基层院检委会工作。如北京市院研究室组织召开了全市检察机关检察委员会工作座谈会和检委会工作视频汇报会。贵州省院研究室修订了全省检委会工作规范性文件，编辑了检委会工作手册，完善了上级院对下级院检委会工作考核考评办法。山东省院研究室针对全省基层院检委会建设的薄弱现状，结合深化检察改革的要求，进行深入调研论证，起草了《关于加强基层人民检察院检察委员会工作的意见》。

三是强化检委会司法属性。各地注重以加强检委会司法属性建设为切入点，强化提升检委会议事能力，保障检委会对案件质量切实把关。如天津、北京等地改革案件汇报方式，在召开检委会时，由承办人以PPT演示的方式进行案情汇报，使委员更加直观地了解案情全貌，增强了讨论案件的亲历性。内蒙古区院建立了全区检察机关业务核心数据分析审议制度，由检委会对各业务条线办案情况进行分析审议，提高检委会宏观指导全区检察业务的能力。

五、搭建多重平台，开展检察理论研究

各省级院研究室紧扣检察制度建设和检察业务发展，加强检察理论研究，推出了一批有影响的研究成果。

一是新成果不断涌现。各地以研究室为龙头，积极开展检察基础理论和应用理论研究，形成一大批研究成果，许多成果在各类权威期刊、知名期刊公开发表或者结集出版、形成专著，产生一定学术影响力，对推进完善中国特色社会主义检察制度起到积极作用。如福建省院研究室完成6项课题研究，相关理论研究成果在《人民日报》等重要报刊发表。不少地方研究室发挥调研组织作用，牵头或者组织申报各类检察研究课题。如湖南省院研究室申报的国家社科基金重大项目"反腐败领导体制和工作机制研究"获得立项。江西省院研究室与江西财大法学院联合申报立项司法部重点课题"羁押必要性审查制度研究"。

二是密切检学交流。加强与高校、科研院所合作，有效促进检学交流，广泛获取理论界智力支持。如天津市院研究室与南开大学开展检校共建活动。广西区院与西南政法大学等建立战略合作关系。河北省院研究室组织举办"河北检察讲堂"，邀请知名专家开展检学交流。云南省院研究室积极推动检校互派挂职、兼职，与高校共建检察研究基地。

三是搭建研究平台。各地研究室踊跃承办相关学术会议，搭建检察理论研究平台，促进了检察学术交流深入开展。如上海市院研究室承担了中国刑事诉讼法学研究会2014年年会，福建省院研究室承办了第十五届全国检察理论研究年会，湖北省院研究室会同安徽省院研究室承办了第四届中国检察基础理论论坛，北京市院研究室承办了第五届刑事诉讼监督论坛。各地检察院研究室还认真承办检察期刊、内刊等的编辑出版工作，不断提高刊物质量，广泛展现检察理论研究成果，促进了检察理论研究的繁荣发展。

六、提高政治业务素质，推进队伍建设

贯彻中央从严治党要求，按照高检院党组要求努力推进"五个过硬"检察队伍建设，研究室全系统人员政治素质和业务能力有新的提

升。一是切实提高政治素质。坚定政治立场，强化党性观念，深入开展了"增强党性、严守纪律、廉洁从政"专题教育活动，在思想上、政治上和行动上始终同党中央保持高度一致。二是严守纪律。认真贯彻执行党章、廉政准则和中央八项规定的各项要求，坚守思想道德防线、廉洁从检底线和党纪国法红线，严守政治纪律，坚决抵制西方错误法学思潮影响。三是切实增强业务能力。各地切实加强学习型队伍建设，创新业务培训和岗位练兵方法，采取讲座、研讨、评选优秀成果、开展业务竞赛等多种方式，强化对新知识、新法律、新技能和调研业务的培训。如北京市院研究室组织开展了第五届全市调研业务技能竞赛，天津市院、山东省院研究室组织开展了优秀调研成果评选活动，促进了岗位练兵和创先争优，推动了研究室工作能力和水平的提升。

七、不足之处及下步努力方向

当前研究室工作中还存在一些不足或亟待改进之处：一是服务检察工作大局的自觉性、主动性还有待进一步提升，决策参谋的职能作用发挥得还不够。二是研究室的主业不够突出，对法律政策问题的研究精力不够集中，有些省院研究室承担的事务性工作过多。三是有些省院研究室过于偏重基础理论研究和论文的发表，对检察工作中具体问题的应用研究不足，研究成果的应用和转化率不高。四是上级院研究室对下级院研究室工作的指导力度有待增强。五是研究室队伍的能力建设需要进一步加强。六是检察调研工作发展存在不平衡的问题，特别是基层院调研工作薄弱问题比较突出。

下一步，研究室工作要继续落实好中央和高检院重大部署，按照高检院研究室工作要点安排，扎实开展今年工作。着力在开展检察调研的针对性、实效性和发挥参谋助手作用方面下功夫；着力在推进检察理论研究特别是应用研究精耕细作，出优质成果和促进成果转化应用方面下功夫；着力在发挥研究室牵头、组织作用，调动系统内外积极性，构建检察调研和理论研究大格局方面下功夫；着力在强化研究室工作对下指导，强化研究室工作规范化建设方面下功夫；着力在提升研究室队伍政治素质和业务能力，加大业务培训和业务交流方面下功夫。

充分发挥刑事执行检察在防止和纠正冤假错案中的独特作用

——《关于在刑事执行检察工作中防止和纠正冤假错案的指导意见》的理解与贯彻

袁其国　林礼兴　樊石虎*

2015 年 2 月 10 日，最高人民检察院刑事执行检察厅印发了《关于在刑事执行检察工作中防止和纠正冤假错案的指导意见》（以下简称《指导意见》）。《指导意见》从积极发挥刑事执行检察职能优势、强化刑事强制措施执行监督、强化刑罚执行监督、完善控告申诉处理机制、加强与有关部门协调配合、建立健全责任追究机制等六个方面，对刑事执行检察发现和纠防冤假错案工作进行了细化和规范，对于进一步从刑事执行检察各工作环节防止和纠正冤假错案、维护司法公正、维护在押人员合法权益和社会公平正义具有重要意义。

一、《指导意见》的出台背景

《指导意见》的制定和下发，主要基于以下情况：

一是习近平总书记和党中央对纠防冤假错案工作高度重视。十八大以来，习近平总书记就防止和纠正冤假错案工作多次作出重要批示，要求政法系统在履职过程中必须"坚守防止冤假错案底线"、"严防冤假错案发生"。党的十八届三中全会明确提出，要"完善对限制人

身自由司法措施和侦查手段的司法监督，加强对刑讯逼供和非法取证的源头预防，健全冤假错案有效防范、及时纠正机制"。党的十八届四中全会进一步强调提出，要"健全错案防止、纠正、责任追究机制"。习总书记的重要批示和党中央的高度重视，为检察机关特别是刑事执行检察工作指明了方向，提出了要求。

二是社会各界和人民群众对纠防冤假错案强烈关注、充满期待。2009 年云南晋宁"躲猫猫"事件发生以来，社会各界对刑事在押人员人权状况的关注程度之高前所未有。"尊重和保障人权"这一宪法原则被写入修改后的刑事诉讼法，彰显了我国刑事司法打击犯罪与保障人权的双重功能，是我国刑事诉讼和司法制度的重大改革与完善。在当前全面推进依法治国、尊重和保障人权的新形势下，《指导意见》的出台，是切实防止和纠正冤假错案，依法维护和尊重在押人员正当权益，突出法律监督职责，回应社会关切的重要内容和举措。

三是刑事执行检察的独特职能优势亟待充分发挥。刑事执行检察部门承担着对刑事强制

＊作者分别为最高人民检察院刑事执行检察厅厅长、副厅级检察员、干部。

措施、刑罚执行和强制医疗执行实行法律监督的重要职能。派驻刑事执行场所的检察人员可以直接、零距离接触被刑事执行人员，有机会发现冤假错案的蛛丝马迹和被刑事执行人员的异常表现，面对面听取和受理被刑事执行人员及其亲属直接提出的申诉、控告和举报，受理服刑人员及其法定代理人、近亲属不服已经发生法律效力的刑事判决、裁定的申诉。无论是刑事强制措施执行监督、刑罚执行监督，还是侦查监督、审查起诉监督、审判监督等，刑事执行检察直接或间接参与到刑事诉讼全过程的方方面面，有利于随时发现和推动纠正冤假错案。此外，与办案部门相比，由于刑事执行检察部门不直接办理发生在非刑事执行中的刑事案件，没有部门利益的羁绊，具有中立性，有利于全面、客观地及时防止和纠正冤假错案。《指导意见》的出台，既是对刑事执行检察部门以往工作经验的总结，也是进一步充分发挥其在发现和纠正冤假错案方面独特职能优势的内在要求。

四是中央政法委《关于切实防止冤假错案的规定》（以下简称《规定》）和最高人民检察院《关于切实履行检察职能防止和纠正冤假错案的若干意见》（以下简称《若干意见》）的重要精神亟待在工作中进一步明确和细化。2013年7月、9月，中央政法委和最高人民检察院相继印发的《规定》和《若干意见》，成为确保刑事案件质量、防止和纠正冤假错案的重要指导性文件。刑事执行检察工作结合自身职责和特点，发挥预防和纠正冤假错案的独特作用，把上述重要文件的精神贯彻落实到刑事执行检察各工作环节，在刑事执行法律监督工作中防止和纠正冤假错案，是需要进一步认真研究并具体细化的重要问题。

自2013年10月，刑事执行检察厅组织专门力量，分工负责，通过调研、召开座谈会、书面征求意见等形式，听取各省级院刑事执行检察部门以及最高人民检察院办公厅、公诉厅、侦监厅、刑事申诉厅、控告厅、法律政策研究室、司改办等单位的意见建议，经过多次修改完善，形成了《指导意见》稿。经最高人民检察院领导批准，于2015年2月10日正式印发。

二、《指导意见》的突出特点

第一，措施明确，可操作性强。《指导意见》从修改后的刑事诉讼法和《人民检察院刑事诉讼规则（试行）》的框架和原则出发，结合《人民检察院监狱检察办法》、《人民检察院看守所检察办法》，在原则性、整体性规定的基础上，进一步将监督职能和措施细化到刑事执行检察工作涉及纠防冤假错案的具体环节中，措施的规定较为明确，可操作性强。

第二，内容全面，全程覆盖。《指导意见》结合刑事强制措施执行、刑罚执行、强制医疗执行以及刑事执行检察厅更名和职责扩展，要求认真履行刑事执行检察各环节防止和纠正冤假错案的监督职能。此外，《指导意见》将看守所、监狱、强制医疗执行场所等均纳入监督范围，监督人群涵盖了犯罪嫌疑人、服刑人员、被强制医疗人等所有可能蒙受不白之冤的特定群体。

第三，突出重点，抓住要害。《指导意见》紧紧抓住在押人员入、出看守所这个"要害点"，将监督的视角聚焦在可能造成冤假错案的"重点关口"。刑讯逼供、暴力取证等违法行为是造成冤假错案的重要原因。《指导意见》提出看守所检察应当严格监督看守所对入、出所在押人员的身体健康检查，以降低在押人员被带出羁押地进行暴力取证、刑讯逼供的可能性，有效堵住监督死角。

第四，畅通渠道，发现异常。《指导意见》抓住在押人员投诉处理这个防止和纠正冤假错案的直接、有效途径和关键环节，特别对长年坚持申诉、拒绝减刑及因对裁判不服而自杀、自残的服刑人员，提出要及时调查了解原因，发现有冤假错案可能的应当依照规定及时报告。《指导意见》强调要畅通在押人员控告申诉渠道，认真受理在押人员控告申诉，进一步完善控告申诉处理机制。刑事执行检察人员在法定职责范围内，要积极主动发现和纠防冤假错案。

第五，严格问责，创新制度。《指导意见》强化检察机关刑事执行检察部门防错纠冤的独特功能，从最严格的意义上，首次明确提出建立问责制。刑事执行检察人员不认真办理相关人员的控告、举报、申诉，将视情节轻重予以严肃追究。

三、《指导意见》的主要内容与理解

《指导意见》包括引言和六个部分，共有十四条，主要从入出所体查、身份核实、久押不决案件、所外提解以及指定居所监视居住执行监督、监狱检察、强制医疗执行监督、死刑执行临场监督、畅通在押人员控告申诉渠道、防止纠正冤假错案形式和责任追究等方面作了详细规定。

（一）结合刑事强制措施执行监督，认真做好防止冤假错案工作

加强对刑事强制措施执行的监督是《指导意见》的一个着力点。特别是针对在刑事强制措施中刑讯逼供、屈打成招的情况，《指导意见》明确提出，强化刑事强制措施执行监督，严格防止造成冤假错案，重点做好几项工作：一是对入、出所在押人员身体健康检查实施严格的监督，并采取三项措施。（1）监督看守所细致检查、拍照、录像，固定证据。（2）可自行组织检查、拍照、录像，固定证据。（3）检察入、出所在押人员是否有健康检查记录。注重发现和纠正刑讯逼供、暴力取证、办案人员体罚虐待或者变相体罚虐待在押人员等违法行为。二是对入所在押人员的身份核实进行监督，注意发现是否有"冒名顶罪"的情形。三是注意调查了解超期羁押和久押不决案件是否存在证据不足或者刑讯逼供等违法办案情况。四是加强对所外提解的监督，对于侦查机关以起赃、辨认等为由提解犯罪嫌疑人出所的，应当及时了解提解的时间、地点、理由、审批手续等情况，做好还押时体检情况记录的检察，注意发现提解期间是否存在刑讯逼供、暴力取证、体罚虐待等违法办案的情形。五是坚持定期或不定期巡视检察，注意发现和纠正对被监视居住人刑讯逼供、体罚虐待或者变相体罚虐待的情形和可能造成冤假错案的线索。

（二）结合刑事判决裁定决定执行监督，认真做好纠正冤假错案相关工作

针对近年来在刑事判决裁定决定执行监督中屡次发现的冤假错案，《指导意见》强调重点做好三个方面的工作：一是对长年坚持申诉、拒绝减刑及因对裁判不服而自杀、自残的服刑人员应当及时调查了解原因，发现有冤假错案可能的，应当依照规定及时报告。二是强制医疗执行监督中发现被强制医疗的人不符合强制医疗条件或者需要依法追究刑事责任，人民法院作出的强制医疗决定可能错误的，应当依照

规定报经检察长批准，将有关调查材料转交作出强制医疗决定的人民法院的同级人民检察院处理。三是加强对死刑执行临场监督。

（三）认真受理在押人员控告申诉，完善控告申诉处理机制

受理在押人员的投诉是纠防冤假错案的重要一环。本着方便投诉、及时处理、公平公正、依法进行的原则，《指导意见》指出，要认真受理在押人员控告申诉，进一步完善控告申诉处理机制，并贯彻了三个方面的思想：一是启发维权的思想。《指导意见》指出，要畅通在押人员控告申诉渠道，各级刑事执行检察部门应当在看守所、监狱、强制医疗执行场所建立健全检务公开栏，健全检务公开内容，使在押人员、被强制医疗人员及其法定代理人、近亲属了解他们享有的控告、举报、申诉等权利。二是畅通投诉途径的思想。《指导意见》指出，健全与在押人员定期谈话制度、在押人员约见检察官制度、检察官信箱制度；积极推广设立约见检察官信息系统，及时接受被监管人的控告申诉；认真监督监管场所及时转交处理在押人员及其法定代理人、近亲属的控告、举报、申诉材料。三是追求及时公正投诉处理结果的思想。《指导意见》指出，要依法受理在押人员控告申诉，刑事执行检察部门接到在押人员及其法定代理人、近亲属的控告、举报、申诉后，应当及时审查，并提出审查、处理意见，跟踪监督办理情况和办理结果，及时将办理情况答复控告、举报、申诉人。

（四）加强协调配合，与有关部门共同做好防止和纠正冤假错案工作

刑事执行检察部门只是发现和纠正冤假错案涉及的一个重要职能部门，必须与刑事诉讼中的有关职能部门协调配合，共同做好工作。《指导意见》强调发现存在刑讯逼供、暴力取证等可能造成冤假错案的情形和相关线索的，应当及时通报或转交本院侦查监督、公诉、控告检察、刑事申诉检察部门或其他人民检察院办理，并及时了解办理情况，及时答复控告、举报、申诉人。对于在押人员的控告申诉，有关人民检察院没有在规定时间内办理或久拖不办的，有关人民检察院刑事执行检察部门应当将情况书面报告上级人民检察院刑事执行检察部门。上级人民检察院刑事执行检察部门接到报告后，认为可能涉及刑讯逼供、冤假错案的，应当向本院侦查监督、公诉、控告检察、刑事申诉检察部门通报情况，并建议督促其下级部门及时办理。对侦查机关刑讯逼供等违法办案行为涉嫌职务犯罪的，应当及时将线索移送反渎职侵权检察部门进一步调查处理。

（五）落实责任，建立防止和纠正冤假错案工作问责制

为增强刑事执行检察人员在纠防冤假错案方面的职业责任感，切实做好防止和纠正冤假错案工作，《指导意见》第一次严格意义上明确提出建立问责制。对刑事执行检察人员不认真办理在押人员、被强制医疗人员及其法定代理人、近亲属的控告、举报、申诉，对存在冤假错案可能的案件不受理、不办理、不依法转办、不督促办理或者玩忽职守的，要视情节轻重依法依纪追究其责任；构成犯罪的，将依法追究其刑事责任。

四、《指导意见》的贯彻落实

（一）充分认识《指导意见》出台的重要意义

《指导意见》是检察机关刑事执行检察部门在全面推进依法治国、尊重和保障人权、反

腐败的新形势下，在刑事执行检察工作继往开来、面临全新发展机遇的历史新起点上，为在刑事执行检察各工作环节防止和纠正冤假错案作出的重要举措。《指导意见》为检察机关刑事执行检察部门及其工作人员严格依法行使监督权提供了明确、具体的依据、要求和指导，对确保刑事案件质量、维护司法公正、维护在押人员合法权益和社会公平正义具有重要意义，必将对冤假错案的发生起到有效防范作用。

（二）全面把握《指导意见》提出的具体任务

全面落实《指导意见》精神，加强预防和纠正冤假错案工作，是当前检察机关特别是刑事执行检察部门的一项重要任务。各级刑事执行检察部门及其检察人员要认真学习领会《指导意见》精神，全面把握《指导意见》内容要求，积极贯彻落实《指导意见》提出的各项任务，真正做到吃透精神，把握要求，精通业务。

（三）重在执行和落实

刑事执行检察人员要不断提高政治素质和业务素质，忠于职守，敢于担当，乐于奉献，切实担负起法律赋予刑事执行检察的职责使命。同时，要建立健全刑事执行检察预防和纠正冤假错案保障制度和人才培养锻炼成长机制，健全相应机构，增配相应人员，加强绩效考核和激励机制，全方位提高发现和纠正冤假错案工作力度，把纠防冤假错案各项工作抓实抓好。

检察机关涉法涉诉信访改革配套实施办法解析

穆红玉　陈　玉[*]

涉法涉诉信访改革是中央确定的重要改革事项，是深化司法体制和社会体制改革的重要内容。着眼于解决受理导入、瑕疵补正和终结退出等关键环节存在的突出问题，最高人民检察院于 2014 年 11 月 7 日制定下发了《人民检察院受理控告申诉依法导入法律程序实施办法》（以下简称《导入实施办法》）、《人民检察院司法瑕疵处理办法（试行）》（以下简称《瑕疵处理办法》）、《人民检察院控告申诉案件终结办法》（以下简称《案件终结办法》）等三个配套实施办法，为深入推进检察机关涉法涉诉信访改革提供了机制保障。

一、三个配套实施办法的制定背景

目前，从检察机关涉法涉诉信访工作实际看，在受理导入、瑕疵补正和终结退出等关键环节还存在以下比较突出的问题。一是控告申诉导入法律程序机制尚不健全。如检察机关管辖的控告申诉与普通信访以及其他司法机关管辖的涉法涉诉信访事项界限不清、标准不明；受理导入的流程不顺，一些符合条件的控告申诉不能及时导入相应的法律程序；另外，内外部衔接配合机制不健全，推诿扯皮、"踢皮球"现象时有发生，群众反映的问题得不到依法及时的受理。二是检察环节司法瑕疵的补正机制缺位。近年来，各级检察机关狠抓司法规范化建设，取得了明显成效。但是，因司法不严格、不规范、不文明等产生的司法瑕疵问题还比较突出，导致当事人对案件办理的公正性产生怀疑。因缺乏明确的处理规定，如何妥善补正司法瑕疵成为长期困扰涉法涉诉信访工作的一个突出问题。三是控告申诉终结案件出口不畅问题突出。主要表现为检察机关案件终结范围不明确、终结案件移交机制不健全等问题。

2014 年 7 月 24 日，中央政法委印发了《关于建立涉法涉诉信访事项导入法律程序工作机制的意见》、《关于建立涉法涉诉信访执法错误纠正和瑕疵补正机制的指导意见》以及《关于健全涉法涉诉信访依法终结制度的实施意见》等三个涉法涉诉信访改革配套文件，并要求中央司法单位结合文件精神和工作实际，制定本系统的实施办法。

按照中央政法委和最高人民检察院党组的部署要求，控告检察厅经过深入调研和认真梳理，研究制定了《导入实施办法》、《瑕疵处理办法》以及《案件终结办法》等三个配套实施办法，经最高人民检察院检察委员会审议并报中央政法委审批后，于 2014 年 11 月 7 日正式印发实施。

二、坚持诉访分离，完善管辖内控告申诉导入法律程序机制

健全完善涉法涉诉信访事项导入法律程序机制，是涉法涉诉信访改革的一项重要内容，

＊作者分别为最高人民检察院委员会委员、控告检察厅厅长，控告检察厅干部。

也是解决入口不顺、诉访不分问题的一个重要举措。结合检察工作实际，《导入实施办法》对导入机制的基本原则、诉访分离的标准、检察机关受理范围和受理条件、导入法律程序的具体情形、共同管辖事项的处理等作出了明确规定。

（一）关于诉访分离的标准

如何正确区分诉类事项与访类事项，有效实现"诉"和"访"的分离，是健全完善导入机制的首要前提和基础问题。按照中央政法委相关文件的规定，对符合法律法规规定，属于司法机关管辖的信访事项，可以通过司法程序或者相应法定救济途径解决的，作为诉类事项办理。据此，诉类事项主要有三个特征：一是具有诉讼权利救济性质；二是属于三大诉讼法、国家赔偿法等法律调整范围，并且法律和相关规定对控告申诉事项的解决规定了相应的救济途径；三是属于司法机关管辖。从司法实践看，诉访分离是在审查受理过程中，通过准确甄别控告、申诉的性质和类别，严格按照管辖规定，经过多个层次的分离来实现的，《导入实施办法》对此进行了细化：一是将涉及民商事、行政、刑事等诉讼权利救济的涉法涉诉信访事项与普通信访分离开来，如第六条规定，"对不涉及民商事、行政、刑事等诉讼权利救济的普通信访事项，根据'属地管理、分级负责，谁主管、谁负责'原则，人民检察院控告检察部门应当告知控告人、申诉人向主管机关反映，或者将控告、申诉材料转送主管机关并告知控告人、申诉人"。二是按照诉类事项认定标准，将可以通过法律程序或者其他救济途径解决的诉类事项与法律程序已经终结或者没有其他救济途径解决的访类事项分离开来，如第七条第

二款规定，"对属于本级检察院正在法律程序中办理的案件，当事人等诉讼参与人提出控告或者申诉，但法律未规定相应救济途径的，控告检察部门接收材料后应当及时移送本院案件承办部门，承办部门应当继续依法按程序办理，并做好当事人等诉讼参与人的解释说明工作"；第九条规定，"控告、申诉已经最高人民检察院或者省级人民检察院决定终结的，各级人民检察院不予受理。按照中央和最高人民检察院相关规定，移交当地党委、政府有关部门及其基层组织，落实教育帮扶、矛盾化解责任"。三是根据不同司法机关的管辖范围，将检察机关管辖的诉类事项与其他司法机关管辖的诉类事项分离开来，如第八条规定，"对涉及民商事、行政、刑事等诉讼权利救济，依法可以通过法律程序解决的控告、申诉，属于公安机关、人民法院以及其他机关管辖的，人民检察院控告检察部门应当告知控告人、申诉人向有管辖权的机关反映，或者将控告、申诉材料转送有管辖权的机关并告知控告人、申诉人"。四是对检察机关管辖的诉类事项，将本院管辖事项与其他检察院管辖事项分离开来，主要就是根据地域管辖和级别管辖的要求进行甄别分流，如第七条第一款规定，"对涉及民商事、行政、刑事等诉讼权利救济，依法可以通过法律程序解决的控告、申诉，属于本级检察院管辖的，人民检察院控告检察部门应当按照相关规定移送本院有关部门办理；属于其他人民检察院管辖的，告知控告人、申诉人向有管辖权的人民检察院提出，或者将控告、申诉材料转送有管辖权的人民检察院并告知控告人、申诉人"。

（二）关于检察机关受理控告申诉的范围

从产生原因看，涉法涉诉信访是社会矛盾

纠纷以案件形式进入诉讼渠道后，当事人对司法机关的处理决定或者司法行为表示异议或者不满而发生的。从这一角度看，涉法涉诉信访事项，是当事人不服司法机关及其工作人员的司法行为、措施、决定，向司法机关提出的重新处理、予以纠正或者给予赔偿等请求，也就是三大诉讼法及国家赔偿法规定的控告、申诉或者赔偿请求等。因此，根据三大诉讼法、国家赔偿法等法律以及有关司法解释的相关规定，参考《最高人民检察院关于进一步加强新形势下涉法涉诉信访工作的意见》确定的检察机关涉法涉诉信访案件的范围，《导入实施办法》将属于检察机关管辖的控告、申诉分为"涉检事项"、"诉讼监督事项"两大类。

涉检事项包括四类：不服人民检察院刑事处理决定的；反映人民检察院在处理群众举报线索中久拖不决，未查处、未答复的；反映人民检察院违法违规办案或者检察人员违法违纪的；人民检察院为赔偿义务机关，请求人民检察院进行国家赔偿的。

诉讼监督事项包括：不服公安机关刑事处理决定，反映公安机关的侦查活动有违法情况，要求人民检察院实行法律监督，依法属于人民检察院管辖的；不服人民法院生效判决、裁定、调解书，以及人民法院赔偿委员会的赔偿决定，反映审判人员在审判程序中存在违法行为，以及反映人民法院刑罚执行、民事执行和行政执行活动存在违法情形，要求人民检察院实行法律监督，依法属于人民检察院管辖的。

同时，《导入实施办法》第二十条、第二十一条以列举方式明确了引导控告、申诉人向公安机关、人民法院提出请求的若干情形。在实际工作中，要正确把握控告申诉的受理范围，规范履行法律监督职责，依法保障当事人的控告申诉权利。

（三）关于管辖内控告申诉的受理条件

"导入"是这次涉法涉诉信访改革新出现的一个词语，现行法律规定没有"导入"的术语和概念。从实务角度看，"导入"是指相应法律程序的启动，通过涉法涉诉信访事项的审查受理环节来实现。可以说，受理环节是导入法律程序的核心环节，是控告、申诉与相应法律程序之间的中介和纽带。

为解决受理条件不明确、部分符合条件的控告申诉不能及时导入相应法律程序等问题，经梳理、归纳《人民检察院刑事诉讼规则（试行）》、《人民检察院民事诉讼监督规则（试行）》、《人民检察院国家赔偿工作规定》以及修改后的《人民检察院复查刑事申诉案件规定》等规定的受理条件，《导入实施办法》第十一条提炼出受理的共性条件：（1）属于检察机关受理案件范围；（2）本院具有管辖权；（3）控告人、申诉人具备法律规定的主体资格；（4）控告、申诉材料符合受理要求（主要指材料齐备）；（5）控告人、申诉人提出了明确请求和所依据的事实、证据与理由；（6）不具有法律和相关规定不予受理的情形。对同时符合上述六个方面条件的控告申诉，检察机关应当受理。

（四）关于共同管辖事项的受理

共同管辖是指两个以上司法机关对同一控告申诉都有管辖权的情况。如对不服法院生效刑事裁判的申诉既可以向人民法院提出，也可以向人民检察院提出。应该说，此类规定扩大了当事人的申诉救济途径，但实践中也容易造成同时重复审查，造成司法资源的浪费；也可能因互相推诿、"踢皮球"，引发新的社会矛盾。

《导入实施办法》第二十二条第一款明确了对共同管辖案件的审查受理原则，即"对人民检察院和其他司法机关均有管辖权的控告、申诉，人民检察院应当依法定职权审查受理，并将审查受理情况通知其他有管辖权的司法机关"。对此，在实际工作中，要着眼于保障当事人的合法权益，依法审查受理当事人的控告申诉。在审查受理时发现其他有管辖权的司法机关已经受理立案的，可以告知控告申诉人在已受理立案的司法机关作出法律结论后，再依法向检察机关提出控告申诉。对控告申诉既包含检察机关管辖事项，又包含其他司法机关管辖事项的，应当依职权及时受理检察机关管辖事项；对其他事项，应当告知控告申诉人向主管机关提出。

（五）关于控告申诉受理后的导入路径

根据三大诉讼法、国家赔偿法等法律及相关规定，以及《最高人民检察院关于进一步加强新形势下涉法涉诉信访工作的意见》关于"规范管辖内控告申诉案件的审查受理工作"的规定，对检察机关管辖内控告、申诉的导入路径主要有三种模式：一是对于反映阻碍刑事诉讼权利行使的申诉或者控告，以及反映本院办理刑事案件违法行为的控告，由控告检察部门自行审查办理，但反映看守所及其工作人员阻碍刑事诉讼权利行使的申诉或者控告，由刑事执行检察部门办理；二是对于不服检察机关诉讼终结的刑事处理决定的申诉、要求实行刑事诉讼监督的控告或者申诉（应当由控告检察部门自行审查办理的除外）、请求国家赔偿或者赔偿监督、对检察机关或者检察人员违法违纪的控告等，控告检察部门审查受理后，按照首办责任制的要求，移送有关业务部门或者纪检监察部门办理；三是对申请民事诉讼监督的事项，实行"受理、办理和管理相分离"原则，就是说，民事诉讼监督案件的受理、办理、管理工作分别由控告检察部门、民事行政检察部门、案件管理部门负责，各部门互相配合，互相制约。

三、建立司法瑕疵补正机制，及时公正解决群众的合理合法诉求

建立健全司法瑕疵补正机制，对及时公正解决群众的合理合法诉求，提高检察机关司法公信力，预防和化解涉法涉诉信访问题，均具有重要意义。结合检察工作实际，《瑕疵处理办法》对司法瑕疵的界定、具体情形、发现途径、补正措施等作出了规定。

（一）关于检察环节司法瑕疵的界定

按照中央政法委相关文件的规定，结合检察工作实际，《瑕疵处理办法》对什么是检察环节司法瑕疵作了规定，即人民检察院在立案侦查直接受理的案件，批准或者决定逮捕、审查起诉和提起公诉以及实行诉讼监督过程中，在事实认定、证据采信、法律适用、办案程序、文书制作以及司法作风等方面不符合法律和有关规定，但不影响案件结论的正确性和效力的相关情形。

在实际工作中，要注意准确把握司法错误和司法瑕疵的联系和区别。司法错误和司法瑕疵均属于不符合法律和有关规定的情形，但在具体程度、对当事人权益的损害程度、法律后果等方面存在质的区别。司法瑕疵不影响案件结论的正确性和效力，也不属于法律规定的需要启动复查程序或者监督程序的情形。因此，要准确把握司法瑕疵与司法错误之间的界限，既不能不当扩大司法瑕疵范围，使司法错误被"降格"为司法瑕疵，也不能不当扩大司法错

误的范围，使司法瑕疵被"升格"为司法错误。

（二）关于检察环节司法瑕疵的主要类别

经参考 2007 年《人民检察院办理起诉案件质量标准（试行）》、2007 年《人民检察院办理不起诉案件质量标准（试行）》、2005 年《不服人民检察院处理决定刑事申诉案件办理标准》、2010 年《人民检察院审查逮捕质量标准》等规定，并吸纳最高人民检察院民事行政检察厅、刑事申诉检察厅的专题调研成果，《瑕疵处理办法》第三条对检察环节司法瑕疵主要类别作了规定，即事实认定瑕疵、证据采信瑕疵、法律适用瑕疵、法律程序瑕疵、法律文书瑕疵、司法作风瑕疵以及其他司法瑕疵。

1. 事实认定瑕疵，是指认定事实或者情节有遗漏、表述不准确等情形，不影响定罪量刑或者全案处理的情形。如对基本事实以外的事实认定有误、证据不足或者存在遗漏；认定的个别事实与案件不具有关联性，等等。

2. 证据采信瑕疵，是指证据的收集、调取、保存、移送、使用等程序不符合法律和有关规定，但依法可以补正或者作出合理解释，并且不属于应当依法排除的非法证据等情形。

3. 法律适用瑕疵，是指引用法律条文不准确、不完整、不规范，但不影响定罪量刑的情形。如漏引、错引法律条文；引用与案件无关的法律条文，等等。

4. 法律程序瑕疵，是指受理、办理、告知、听取意见、送达等程序不符合法律和有关规定，但不影响案件结论的正确性和效力的情形。

5. 法律文书瑕疵，是指法律文书的名称、类型、文号、格式、文字、数字、语法、符号等存在不规范、遗漏、错误等情形，或者存在未依照法律规定签名、盖章、捺手印、注明时间等情形，不影响案件结论的正确性和效力的情形。

6. 司法作风瑕疵，是指人民检察院工作人员在司法办案中存在态度粗暴、蛮横，作风拖沓、怠慢，语言不当等不规范行为的情形。

（三）关于检察环节司法瑕疵的发现途径

根据《瑕疵处理办法》第九条的规定，对司法瑕疵的发现途径主要有三个，一是上级院发现；二是本院业务部门在司法办案过程中自行发现或者相互发现；三是本院案管以及纪检监察等部门发现。

（四）关于检察环节司法瑕疵的补正措施

对发现的司法瑕疵，根据诉讼阶段及司法瑕疵具体情况，相关检察院应当按照《瑕疵处理办法》第四条至第七条的规定，单独或者合并适用说明解释、通知补正、赔礼道歉、司法救助等措施，对不规范司法行为进行补救，对当事人受损的合法权益进行弥补或者恢复，以取得当事人的理解、谅解和认同，重新塑造司法公信力。

1. 说明解释。根据《瑕疵处理办法》第五条的规定，证据的收集、调取、保存、移送、使用等程序存在司法瑕疵的，办理案件的人民检察院或者相关办案部门可以就收集、调取等过程作出书面说明或者合理解释。

2. 通知补正。根据《瑕疵处理办法》第六条的规定，对原法律文书进行补正的适用情形为事实认定、法律适用、法律文书等存在的司法瑕疵。补正的方式有两种：一种是重新印制法律文书，送达当事人，并将撤销原法律文书的情况告知当事人；另一种是在审查、复查法律文书中作出重新认定。

3. 赔礼道歉。根据案件和司法瑕疵具体情况，必要时应当向当事人赔礼道歉，消解当事人的不满，以取得当事人的谅解。

4.司法救助。司法实践中，有些瑕疵案件虽然仅存在一些"小问题"、"小失误"，但对当事人的工作、生活甚至身心健康造成的负面、消极影响却并不"小"，因此，不能忽视对当事人权益的保护、修复和补偿。根据2014年1月17日印发的《关于建立完善国家司法救助制度的意见（试行）》的相关规定，《瑕疵处理办法》第八条规定，人民检察院存在司法瑕疵，控告人、申诉人的诉求具有一定合理性，但通过法律途径难以解决，且生活困难，符合司法救助条件的，可以告知控告人、申诉人申请司法救助。

另外，根据《瑕疵处理办法》第十条的规定，人民检察院在办理诉讼监督案件中，发现人民法院、公安机关存在司法瑕疵、执法瑕疵的，根据案件具体情况，可以向人民法院、公安机关提出检察建议。

四、完善终结退出机制，努力解决无限控告申诉问题

党的十八届三中全会通过的《中共中央关于全面深化改革若干重大问题的决定》提出，"建立涉法涉诉信访依法终结制度"。四中全会通过的《中共中央关于全面推进依法治国若干重大问题的决定》提出，"落实终审和诉讼终结制度"。按照中央和涉法涉诉信访改革精神的要求，最高人民检察院控告检察厅对2006年的《人民检察院信访案件终结办法》进行了修改，进一步明确了终结案件的范围、责任主体、终结标准和条件、终结申报和决定程序、终结后当事人权利的救济等内容。

（一）关于依法终结的基本含义

依法终结的含义直接关系到案件终结工作的实践意义和价值取向。按照中央政法委相关文件的规定，依法终结，是指当事人不服司法机关生效法律结论，其救济权利已经充分行使、放弃行使或者已经丧失，反映问题已经依法律按政策公正处理，仍反复控告申诉、缠访缠诉，除有法律规定的情形以外，依法不再启动复查程序。该规定明确了终结应具备的三个方面要件：一是程序要件。从当事人角度看，当事人救济权利已经充分行使、放弃行使或者已经丧失；从司法机关角度看，已经从程序上为当事人救济权利的行使提供了充分保障。二是实质要件。指司法机关对当事人的控告申诉已经依法律按政策公正处理。司法机关的审查结论客观公正，司法错误已经依法纠正，司法瑕疵已经妥善补正，善后工作已经落实，执法责任已经依法追究，对符合条件的给予了必要的司法救助，进行了释法说理等工作。三是信访要件。指在具备程序、实质要件的情况下，当事人仍反复控告申诉、缠访缠诉，继续坚持没有事实和法律依据的诉求或者不合理诉求，不愿接受审查（复查）结论和善后工作方案等。

（二）关于检察机关终结案件的范围

按照中央政法委相关文件的规定，人民检察院对诉讼监督案件已经审查完毕并作出不予支持决定，信访人向原办案单位缠访缠诉的，由原办案单位按程序申报终结；信访人向检察机关缠访缠诉的，检察机关可根据案件情况和化解工作需要，建议原办案单位按程序申报终结，并附检察机关审查意见，从而确立了"谁作出原处理决定，由谁负责终结"的原则。据此，检察机关案件终结范围不包括诉讼监督案件。

按照修改后的《案件终结办法》，人民检察院可以对下述控告申诉案件予以终结：（1）不服人民检察院不起诉、不批准逮捕、撤销案件、免予起诉决定以及其他刑事处理决定的，但人民检察院对不服公安机关决定或者人民法院刑事判决、裁定的控告申诉所作的监督决定除外；（2）请求人民检察院进行国家赔偿的；（3）最高人民检察院认为可以适用本办法的其他控告申诉案件。另外，如果控告人、申诉人提出的诉求涉及多个司法机关，其主要诉求属于前款规定范围的，人民检察院可以依照本办法将该主要诉求予以终结。

对于人民检察院已经作出审查结论的诉讼监督案件，当事人继续向人民检察院控告申诉，人民检察院不予受理，可以根据案件情况和化解工作需要，建议人民法院、公安机关等原办案单位按程序依法终结。

（三）关于案件终结的标准和条件

中央政法委相关文件对终结标准提出了"四到位"的要求，即法律问题解决到位、执法责任追究到位、解释疏导教育到位、司法救助到位。结合检察机关近年来开展案件终结工作实际，《案件终结办法》第七条对"四到位"标准予以具体化，从审查复查程序、案件实体处理、纠正错误、责任追究、教育疏导和司法救助等方面提出了硬性要求，只有在相关条件全部具备的情况下，才可以申报终结、决定终结，以此确保案件终结质量。

（四）关于终结申报和决定程序

从近年来案件终结工作实践看，申报终结的控告申诉案件一般都是比较疑难复杂的案件，移送其他业务部门审查更具有专业性，更能保证审查质量和结果的公正性。另外，中央政法委相关文件规定，申报终结、决定终结应由相关单位的审委会、检委会、厅（局）务会集体研究决定。因此，《案件终结办法》对终结申报、决定程序提出了以下要求：（1）申报由案件审查复查部门提出。（2）申报决定应当经检委会审议决定。（3）由省级院的侦监、公诉、侦查、刑申等部门审查提出是否同意终结的意见。（4）终结决定由检委会审议作出。

（五）关于案件终结决定的效力

终结决定的效力是指终结决定对控告申诉人、司法机关等相关方的约束力。按照中央政法委相关文件的规定，对于已经终结的信访事项，司法机关不再启动复查程序；各级党委政法委和司法机关不再作为涉法涉诉信访事项进行统计、交办、通报。据此，《案件终结办法》规定，案件终结后再次控告申诉的，除有法律规定的情形外，检察机关将不再受理、不再启动复查程序，上级检察机关也不再进行交办和通报，以防止控告人、申诉人滥用权利，避免司法机关在部分无理信访案件上耗费过多的司法资源。

（六）关于终结案件的退出机制

中央政法委相关文件就终结退出工作规定了两个原则，即"同级通报"原则和"基层组织负责终结后续工作"原则。在实际工作中，各地要按照要求，加强与信访联席会议、党委政法委、综治办等单位的沟通协调，推动确定一个具体的牵头单位，建立明确、顺畅的移交、退出机制。

（七）关于终结案件的备案

就其本意而言，备案是相对于"审批"的一个概念，指向上级机关报告有关事由以备考查，但该有关事由并不需要上级批准。为了节约司法资源、提高备案效率，避免信访上行、矛盾上移，根据中央政法委相关文件的规定，《案件终结办法》规定，省级院对依法终结的案件，应当在终结决定作出后 10 日以内报最高人民检察院备案。最高人民检察院今后对报送备案的终结案件将主要作形式审查，不再作实体性审查。但也不是"备而不查"，如果发现不符合备案要求的，最高人民检察院将要通知相关省级院予以纠正。

（八）关于案件终结后当事人权利的救济

案件终结是当事人相关诉求办理程序的完结，并非当事人诉讼权利的终结。对当事人提出新的证据或者线索，足以影响原处理决定的，相关人民检察院应当按照《案件终结办法》第十四条的规定，本着"实事求是"、"依法纠错"的原则，启动相应的纠错程序，重新调查处理并依法纠正，切实维护控告申诉人的合法权益。

《关于全面推进检务公开工作的意见》解读

孙灵珍　宋　炜*

根据中央办公厅、国务院办公厅《关于深化司法体制和社会体制改革的意见及其贯彻实施分工方案》（以下简称《分工方案》）的部署和要求，结合贯彻落实党的十八届四中全会精神，为全面推进检务公开工作，在充分总结近年来检务公开工作和一年试点工作情况、深入调研、广泛征求意见的基础上，研究起草了《关于全面推进检务公开工作的意见》（以下简称《意见》）。《意见》经最高人民检察院司法体制改革领导小组会议讨论通过，并报中央政法委员会批准，于2015年1月6日正式下发实施。

一、起草背景和基本思路

1998年10月，最高人民检察院认真贯彻落实党的十五大精神，制定下发《关于在全国检察机关实行"检务公开"的决定》，向社会公布了"检务公开"十个方面的内容。根据党的十六大精神和中共中央《关于进一步加强人民法院、人民检察院工作的决定》的要求，最高人民检察院充分总结各地"检务公开"实施情况，于2006年6月下发了《关于进一步深化人民检察院"检务公开"的意见》，在"检务十公开"的基础上，进一步充实、完善了十三个方面的内容。2008年，"检务公开制度改革"作为"司法公开制度改革"的子课题纳入第二轮司法体制改革。党的十八大明确指出，要推进权力运

行的公开化、规范化，完善党务公开、政务公开、司法公开和各领域办事公开制度，让人民监督权力，让权力在阳光下运行。党的十八届三中全会作出的《中共中央关于全面深化改革若干重大问题的决定》进一步指出，要健全司法权力运行机制，推进检务公开。习近平总书记在中央政法工作会议上突出强调，要坚持以公开促公正、以透明保廉洁，增强主动公开、主动接受监督的意识。党的十八届四中全会通过的《中共中央关于全面推进依法治国若干重大问题的决定》强调，构建开放、动态、透明、便民的阳光司法机制，推进检务公开。

《分工方案》对推进检务公开提出了明确要求，2013年下半年启动试点，2014年总结试点经验，全面推开，完成此项改革任务。根据中央的部署和要求，最高人民检察院于2013年10月印发了《深化检务公开制度改革试点工作方案》，确定黑龙江、上海、河南、四川、甘肃五省（市）为试点地区，试点时间截至2014年11月底。为在更大范围内积累试点经验，经院领导批准，增加北京、江苏、山东、广东、广西五省（区）为试点地区。试点期间，各试点院按照最高人民检察院的部署和要求，不断提高对深化检务公开工作重要意义的认识，加强组织领导，以案件信息公开工作为重点，充

＊作者分别为最高人民检察院办公厅人民监督工作办公室主任、干部。

实检务公开的内容，创新检务公开的方式方法，强化制度机制建设，试点工作取得明显成效，为制定《意见》积累了丰富经验，打下了良好基础。

最高人民检察院办公厅在充分总结近年来检务公开工作和试点工作情况、深入调研基础上，研究起草了《意见》（稿）并广泛征求意见。2014年12月，最高人民检察院司法体制改革领导小组第四次会议讨论通过后报中央政法委员会审批同意。2015年1月6日，最高人民检察院正式下发《关于印发〈关于全面推进检务公开工作的意见〉的通知》，要求各地认真贯彻落实。

在《意见》起草过程中，重点把握了以下几个方面：一是全面贯彻中央和习近平总书记的指示精神。认真学习、领会党的十八大以来中央关于司法公开和检务公开的要求以及习近平总书记的指示，并予以具体化，使《意见》充分体现中央的指示和要求。二是以改革试点工作方案为基础。试点方案从公开的内容、公开的方式和公开的保障机制等方面提出了要求，经试点实践证明是比较合理的。起草《意见》时，坚持试点方案的基本框架结构，保留了最主要、最基本的内容。三是总结、固化近年来开展检务公开的成果。对近年来最高人民检察院的相关规定进行梳理，对各地开展检务公开工作情况进行总结，对实践中行之有效的经验做法给予肯定，形成统一的规定，便于各地遵照执行。四是吸纳试点工作中的好经验、好做法。认真归纳梳理各地在试点中形成的一些好经验、好做法，予以充分吸纳。五是强化顶层设计，坚持科学性与可操作性相统一。从公开什么、如何公开、如何保障公开等几个方面提出要求，

扎实推进检务公开工作，积极回应人民群众的新要求、新期待。既要求统一规范，又鼓励开拓创新。除最高人民检察院已有的相关规定外，对其他问题未作详细的操作规定，在各地探索的基础上，再制定或完善相关要求。各省级院可以结合实际，制定具体实施办法。

二、主要内容解读

《意见》按照坚持什么原则、实现什么目标、公开什么、以什么形式公开以及如何保障公开的思路，共分为五个部分。第一部分是检务公开的总体要求；第二部分是检务公开的内容，包括检察案件信息、检察政务信息、检察队伍信息和公开内容的例外；第三部分是检务公开的方式和方法，包括完善公开审查制度，加强检察法律文书释法说理工作，拓展联系公众、服务基层的方式，加强新媒体公开平台建设，规范检务公开场所建设和加强检察机关外部监督制度建设等内容；第四部分是检务公开机制建设，包括建立健全公开信息审核把关机制，建立健全风险评估和预警、处置机制，建立健全民意收集转化机制和建立健全检务公开救济机制等内容；第五部分是组织领导和工作保障，包括强化组织领导、强化协作配合、强化监督指导、强化责任落实和注重规范创新等内容。

（一）准确把握全面推进检务公开的总体要求

本部分是《意见》的总纲，主要包括检务公开工作的原则和实现的目标。

1.关于推进检务公开坚持的原则。检务公开工作的重要规范《人民检察院案件信息公开工作规定（试行）》（以下简称《工作规定》）规定，人民检察院公开案件信息，应当遵循依法、便民、及时、规范、安全的原则。《意见》

吸收了该原则，从检务公开的目的考虑，又加上了"便民"原则。检务公开是一个持续的、逐步深化的过程，2006年最高人民检察院下发的《关于进一步深化人民检察院"检务公开"的意见》，已明确了深化检务公开应当遵循的严格依法、真实充分、及时便民和开拓创新等四项原则，并进行了详细解释。这四项原则在全面推进检务公开工作中也是应当遵循的。最高人民检察院在部署案件信息公开工作时，对"依法、全面、及时、规范"原则作了具体说明。案件信息公开是检务公开的核心，这四项原则也应适用于其他信息的公开。因此，《意见》明确了推进检务公开应坚持"依法、全面、及时、规范、便民"原则，但未作进一步展开表述。

2. 关于推进检务公开的目标。让人民群众在检察机关办理的每一个案件中感受到公平正义，是检务公开工作追求的最终目标。为使公开的任务更明确、更有层次，也为了体现检务公开工作在原有基础上的渐进过程，《意见》根据四中全会关于"构建开放、动态、透明、便民的阳光司法机制"的要求，提出了"三个转变"的具体目标，即"着力推动检务公开工作从侧重宣传的一般事务性公开向案件信息公开转变，从司法依据和结果的静态公开向办案过程的动态公开转变，从单向宣告的公开向双向互动的公开转变"。这三个转变贯穿整个《意见》，既是对此前检务公开实践的系统总结，又是下一步检务公开工作的基本遵循。

（二）进一步明确检务公开的内容

本部分主要是明确公开什么。按照党的三中全会、四中全会的明确要求，从案件信息、政务信息、队伍信息及公开的例外等四个方面明确公开的内容，对是主动还是依申请公开作

了区分，除案件程序性信息依申请公开外，其他均为主动公开内容。

1. 关于检察案件信息。针对社会各界重点关注的案件信息公开，检察机关将其作为检务公开的核心内容在试点期间进行积极探索，要求将检务公开延伸到检察司法办案过程，明确公开内容和责任主体。《意见》对试点方案中的内容给予充分采纳和吸收。2014年10月，最高人民检察院下发《工作规定》，对重要案件信息的内容、生效法律文书的种类以及查询何种案件程序性信息作出了明确规定，同时，上线运行"人民检察院案件信息公开网"。鉴于《工作规定》对公开哪些案件信息均已作出了明确规定，因此《意见》要求"全面落实《工作规定》，主动及时发布重要案件信息，网上公开生效法律文书，依申请公开案件程序性信息"。考虑到四中全会明确要求"建立生效法律文书统一上网和公开查询制度"，《意见》提出"逐步开展《工作规定》范围之外的其他生效法律文书统一上网和公开查询以及其他案件信息发布"。"职务犯罪案件查封、扣押、冻结涉案财物处理结果，以及对久押不决、超期羁押问题和违法或不当减刑、假释、暂予监外执行的监督纠正情况"是试点工作方案已明确的内容，也是当事人或社会关心关注的问题，将其作为主动公开内容，有助于推动案件信息公开内容的逐步完善。另外，为弥补法规和司法流程较为静态、枯燥、抽象的不足，与法律文书公开形成联动效应，增进公众对检察机关司法办案标准的认识和理解，提升公众法律素养、加强法制宣传，以及为学者进行对比研究、案例教学等提供丰富的实践资源，聚焦实务问题，引发理论争鸣，为修改完善法律、制定司法解释提供重要平台，

《意见》要求"主动公开具有指导性、警示性、教育性的典型案例"。

2. 关于检察政务信息和检察队伍信息。这两部分均为检察机关主动公开的内容且大部分内容近年来检察机关已主动公开，对此，《意见》进行了归纳梳理。在政务信息方面，为切实保护公众的知情权、监督权和当事人的诉讼权利，保障依法独立公正行使检察权，按照四中全会关于"建立领导干部干预司法活动、插手具体案件处理的记录、通报和责任追究制度"和"司法机关内部人员不得违反规定干预其他人员正在办理的案件，建立司法机关内部人员过问案件的记录制度和责任追究制度"的要求，《意见》提出主动公开"违反规定程序过问案件的情况和检察机关接受监督的情况"。为便于人民群众了解和知情打击犯罪的形势，同时也为专家学者研究法律政策提供依据，《意见》要求主动公开"检察统计数据及综合分析"。在检察队伍信息方面，《意见》除规定"主动公开检察机关领导班子成员任免情况，检察委员会委员、检察员等法律职务任免"等目前已经公开的信息外，还规定"检察人员违法违纪的处理情况和结果"也要主动公开，充分体现检察机关在检察人员违法违纪事件中绝不袒护姑息、不怕自揭家丑的勇气和信心。

3. 关于公开内容的例外。这部分内容与前两部分相互补充，从不宜公开的角度对哪些内容能够公开提出要求。《意见》与《工作规定》相衔接，提出"涉及国家秘密、商业秘密、个人隐私、未成年人犯罪和未成年被害人的案件信息，以及其他依照法律法规和最高人民检察院有关规定不应当公开的信息，不得公开"。同时，将"当事人申请不公开且理由符合法律规定的，不向社会公开"作为例外，体现对当事人合法权益的尊重和保障。

（三）完善、创新检务公开的方式和方法

本部分主要是明确以什么形式公开。《意见》除对坚持传统做法和利用新媒体公开检务的形式进行了梳理和提出要求外，重点对涉及案件信息公开的公开审查制度和加强法律文书释法说理工作进行强调，并着重建议整合相关服务功能，推进网上网下"检察服务大厅"建设。

1. 关于完善公开审查制度。这项制度是公开争议较大或在当地有较大社会影响案件的信息，以化解社会矛盾、息诉罢访的一种有效方式。对存在较大争议或在当地有较大社会影响的拟作不起诉案件、刑事申诉案件，实行公开审查，是检察机关已经开展的工作，并且有了较为完善的程序性规定。此外，《意见》在总结试点经验和做法的基础上，明确要求"对于在案件事实、适用法律方面存在较大争议或在当地有较大影响的审查逮捕、羁押必要性审查、刑事和解等案件，提起抗诉的案件以及不支持监督申请的案件，探索实行公开审查"。对是否在公开审查后加"公开答复"的内容，最高人民检察院印发的《人民检察院办理不起诉案件公开审查规则（试行）》和《人民检察院刑事申诉案件公开审查程序规定》均使用公开审查的表述，而未用公开审查、公开答复的表述。公开答复是公开审查后的一种处理结果，但不是必需的结果，也可以不公开答复而直接作出处理决定。为从规定更周延的角度考虑，《意见》直接用了"公开答复"的表述。对如何规范公开审查的程序，《意见》提出"研究制定公开审查的操作性指引，规范公开审查的程序"。

2. 关于加强检察法律文书释法说理工作。

释法说理是保证公开法律文书质量的重要前提，也是增进公众全面正确地理解人民检察院的司法行为和所作决定的事实、法律、政策依据，以及加强法制宣传的重要手段。三中全会和四中全会均强调要加强法律文书释法说理，尤其是四中全会明确生效法律文书均网上公开。关于制式文书，根据《工作规定》的要求，隐去相关当事人的信息后只有依据的相关法律规定，再公开文书没有实质的意义。因此，为落实四中全会的要求，从公开的目的和意义看，制式法律文书迫切需要强化释法说理工作。《意见》提出"探索对不立案、不逮捕、不起诉、不予提出抗诉、不支持监督申请决定书等制式法律文书采用制作附页的形式进行释法说理"。最高人民检察院于 2011 年 8 月下发了《关于加强检察法律文书说理工作的意见（试行）》对相关法律文书的释法说理工作提出了明确要求，《意见》对此进行了强调。此外，《意见》顺应做群众工作的要求，突出强调要进一步规范检察法律文书口头说理，提高用群众语言释疑解惑的能力和水平。

3. 关于拓展联系群众、服务基层的方式。《意见》主要对新闻发布会、检察开放日和派驻基层检察室等一些检务公开的传统方式给予肯定，并提出在坚持现有做法的基础上，要"不断健全联系服务群众的平台，探索联系服务群众新方式，着力拓展服务群众的内容，关注基层需求，回应社会关切……提高服务群众的实效"。

4. 关于加强新媒体公开平台建设。本部分主要是明确如何利用新媒体形式公开检务。《意见》对新媒体形式进行了梳理，着重提出要"以人民检察院案件信息公开系统为主平台，建立网上查询、电话查询、触摸屏自助查询和案管岗位查询'四位一体'案件信息查询机制"，"增强信息发布、案件信息查询、在线交流、咨询服务和法律解读等功能"，以落实总体要求中的"从单向宣告的公开向双向互动的公开转变"。此外，检务公开过程中形成的互动、解读，服务信息中蕴含着的丰富的具有导向价值的数据，探索建立健全数据化信息分析机制，能够为检察改革服务经济社会发展、实现自身科学发展提供有力支撑。

5. 关于规范检务公开场所建设。推进网上网下"一站式"服务是检务公开发展的一个方向。为突出检务公开场所的服务性，《意见》将检务公开场所统一表述为"检察服务大厅"，并建议整合"控告申诉举报接收、来访接待、远程视频接访、案件信息查询、行贿犯罪档案查询、接待律师、律师阅卷、法律咨询、检务宣传、12309 举报电话等工作"。对于"检察服务大厅"的建设和管理，鉴于各地情况不一，涉及多个部门，《意见》提出"坚持因地制宜、注重实效的原则，研究制定检察服务大厅建设方案和管理规则"。最高人民检察院下一步也将从实现何种功能和如何协调管理方面提出要求。

6. 关于加强检察机关外部监督制度建设。加强与代表委员的联系，让代表委员更多地了解检察工作，主动邀请人民监督员、特约检察员、专家参与并监督检察工作，均是针对特殊群体的检务公开形式。《意见》在总结相关工作的基础上，着重提出了几项有助于促进公开的制度机制，并将四中全会对完善人民监督员制度的要求予以强调。

（四）强化检务公开机制建设

本部分主要是明确如何保障公开。从建立健全公开信息审核把关机制，健全风险评估和预警、处置机制，建立健全民意收集转化机制，建立检务公开救济机制等几个方面提出要求。

1. 关于建立健全公开信息审核把关机制。公开信息的审核把关是公开前的重要一环，是避免出现失泄密、重大舆情和负面社会影响等的关键环节。《意见》确立了"谁办理谁审查、谁把关谁负责的原则"，对公开信息的内容审查、技术处理和质量把关工作提出了具体要求。针对重大敏感案（事）件处理应对进展或结果信息发布，最高人民检察院已有明确的程序规定，《意见》规定"按照《检察机关重大敏感案（事）件处理应对办法》办理"。

2. 关于建立健全风险评估和预警、处置机制。这是对信息公开后加强风险防控的重要措施。《意见》要求"对拟公开的内容应当进行风险评估，建立预警机制，对可能因公开而引起较大负面社会影响的要制定应急预案，加强风险防控。要密切关注案件信息公开后的舆情态势，全面收集、研判检务信息公开引发的社会舆情，认真做好处理应对等工作，及时回应社会关切"。

3. 关于建立健全民意收集转化机制。本部分吸收了试点工作方案的内容，并采纳了试点工作中引入第三方调查机构调查的做法。《意见》要求，经常性开展群众满意度调查，收集人民群众对检察机关在办案、工作作风、队伍建设等方面的意见和评价，征求社会各界对检察机关重大工作部署、重要规范性文件的意见和建议。探索引入第三方调查机构调查，增强民意调查、收集和人民群众满意度的客观性。加强民意转化应用，促进检察工作提质增效。

4. 关于建立健全检务公开救济机制。本部分是结合试点工作新增加的内容，目的是为人

民群众、当事人或者其他符合条件的案件信息查询人对检察机关有关信息应公开不公开或不应当公开而公开提供救济途径，保证信息公开全面、规范。为充分保障救济权的落实，《意见》提出，人民群众、当事人或者其他符合条件的案件信息查询人可提出申请或复议，检察机关控申部门统一受理后，根据职责分工及时转交相关责任部门调查、处理和答复。

（五）加强组织领导和工作落实

本部分主要是从组织领导和工作保障方面提出要求。从总体上看，也属于保障公开落实到位的内容。

1. 关于强化协作配合。考虑到检务公开不仅涉及案件信息公开，而且涉及各个部门的工作，由办公室（人民监督工作机构）负责检务公开的组织、协调有利于工作的开展，也更有利于上下统一，《意见》要求"办公室（人民监督工作机构）要切实担负起组织、协调职责"。另外将其他部门的职责进一步细化为："案件管理部门要担负起案件信息公开的主管职责，并定期统计、通报案件信息公开工作情况，新闻宣传部门要担负起公开信息的审核、发布、舆情处理等职责，其他部门也要按照各自工作职能和相关规定要求，分工负责、密切配合，合力推进检务公开工作。"

2. 关于强化监督指导。为与公开"违反规定程序过问案件的情况和检察机关接受监督的情况"的内容相衔接，《意见》提出"建立健全过问案件登记、说情干扰警示、监督情况通报等制度"。此外，为有力推动检务公开工作，《意见》要求"结合本地实际，研究制定检务公开工作考评标准，把检务公开工作纳入整体检察工作绩效考核范围；将检务公开工作落实

情况作为检务督察的内容，定期督察和通报，确保检务公开各项措施落到实处"。

3.关于强化责任落实。为确保检务公开各项工作的落实，《意见》要求"要细化和分解落实检务公开的职责，建立健全检务公开的问责表彰机制"，"对于在诉讼过程中违反公开义务或者在其他工作中违反检务公开相关规定，造成严重后果或者有重大影响的，要追究相应责任"。对于工作中先进典型，要予以表彰，并总结推广先进经验。

公开促进公正，公正树立公信。《意见》要求各省级检察院要结合本地实际，制定具体实施办法，积极回应和满足人民群众对检察工作的新要求、新期待。最高人民检察院将研究制定关于贯彻落实《意见》的分工方案，全面推进检务公开工作。透过阳光检务，切实让正义看得见、摸得着，努力让人民群众在检察机关办理的每个案件中感受到公平正义。

关于加强研究室机构建设的几点思考

缐 杰 王 杰*

如何加强研究室机构建设，捍卫研究室综合性业务部门的角色定位，充分发挥研究室对检察改革、检察业务工作的支撑促进作用，展现出研究室在服务大局、服务检察中心工作等方面的重要价值，是当前全国检察机关应当共同关注和思考的重要问题。

一、研究室是检察机关的新型智库，是检察机关科学发展不可或缺、不可替代的综合性业务部门

习近平总书记强调指出，改革发展任务越是艰巨繁重，越是需要强大的智力支持，越是要重视专业化智库建设。检察机关研究室是主管法律政策研究和其他检察业务工作调查研究的职能部门，是发现、分析、总结检察实践中存在的法律、政策适用问题，提出对策性意见的综合性业务机构，是检察机关重要的"思想库"、"智囊团"和"新型智库"。

（一）法律政策研究的本质决定了研究室是新型智库

法律政策是法律、法学、法哲学体系中客观存在的一种法律现象，并非为中国语境所独有，无论是在英美法系国家还是在大陆法系国家，法律政策都在其本国的司法体制中扮演着重要角色。法律与政策之间的关系源于法律与政治之间的天然联系和适度张力，因此对法律政策研究必然成为司法机关开展各项工作的重要环节。检察机关法律政策研究工作是总结检察实践、指导检察工作、统一法律适用、保障检察权依法独立公正行使的重要内容，也是保证检察机关始终以中国特色社会主义理论体系为指导，围绕党和国家工作大局开展工作、推进法治中国建设的重要源泉。在检察机关，承担法律政策研究工作的职能部门即是研究室，研究室是新型智库的定位与其承担的法律政策研究工作紧密相关。

（二）在检察机关围绕中心、服务大局中的作用决定了研究室是新型智库

研究室是检察机关围绕中心、服务大局，研究新情况新问题，为领导决策提供服务的参谋机构，是组织和牵头开展调查研究的主阵地。当前，我国正处在改革发展的深水区，检察工作所处的社会环境错综复杂，各种政治、经济、社会问题突出，互联网及其他新媒体的渗透参与，使检察机关的司法办案活动面临的风险、挑战不断加大。为主动适应经济发展新常态，迫切需要对新的形势任务进行分析，对检察实践中遇到的新情况新问题进行研究和解决，迫切需要对当前的法律政策进行深入研究，正确把握法律与政策的界限，正确区分罪与非罪、此罪与彼罪，为司法办案和法律适用提出指导性意见，这就需要研究室这一职能部门负责牵

＊作者分别为最高人民检察院法律政策研究室专职副书记、干部。

头组织开展广泛深入的调查研究，分析解决问题，为领导决策提供参考，为检察中心工作提供服务。

（三）制发司法解释、发布指导性案例、确保国家法律统一适用的专有职责决定了研究室是新型智库

司法解释权是立法机关赋予最高人民检察院的一项重要职权，是中国特色检察制度的重要组成部分。最高人民检察院研究室虽是制发司法解释的具体承办部门，但却需要地方各级检察机关研究室的密切配合，省级检察机关研究室是提请制定司法解释的主体之一，各市、县级检察机关研究室则是司法解释相关数据信息的重要来源和适用司法解释的重要主体，开展相关意见、信息收集整理工作需要各级研究室的共同努力。如近年来，研究室围绕解决人民群众最关心的食品安全、环境污染等热点问题制发了相关司法解释，配合中央废除劳动教养制度司法改革任务，及时研究制定盗窃、敲诈勒索、寻衅滋事等相关配套司法解释，有效保障了相关工作的平稳衔接。因此，围绕国家工作大局和人民群众关心的热点难点问题及时制发司法解释、发布指导性案例，确保国家法律统一正确适用的重要价值决定了研究室是新型智库的定位。

（四）积极开展立法研究、推动社会主义法律体系不断完善的重要职责决定了研究室是新型智库

积极开展立法研究工作，结合检察工作实际提出立法建议和对法律法规草案提出修改意见，是研究室的一项重要职责。近年来研究室系统参与了民事诉讼法、刑事诉讼法、行政诉讼法、刑法修正案等立法研究工作，完成了《人民检察院刑事诉讼规则》的起草论证等工作。对全国人大常委会法工委、国务院法制办征求最高人民检察院意见的法案，最高人民检察院研究室通过组织地方检察机关研究室及时开展调研，并提交了书面修改意见和立法建议，为不断健全完善检察法律制度、完善中国特色社会主义法律体系作出了积极贡献。

二、新形势下，研究室机构建设只能加强不能削弱

研究室是检察机关历史最为悠久的内设机构之一，1978年检察机关恢复重建时就成立了研究室，三十余年来，研究室在开展专题调研、制定司法解释、开展立法研究、发布指导性案例、推动检察委员会工作科学发展等方面发挥了积极作用。在当前全面推进依法治国、建设法治国家的宏观背景下，在全面推进司法改革和检察改革的进程中，研究室的作用依然不可或缺，研究室机构建设只能加强、不能削弱。

当前我国的政治、经济、社会形势和司法环境发生深刻变化，诸多社会矛盾及法律适用中的新情况和疑难复杂问题不断涌现，迫切需要对一系列新情况新问题进行深入的调查、研究、分析，并在实践、理论和立法层面进行探讨和解决，从而指导检察实践和司法办案活动。在上海等7个省市检察机关和山东等11个省市检察机关分别启动了第一批和第二批司法改革试点工作后，有的地方检察机关取消了研究室机构的独立设置，将其合并到综合管理部门，有的虽然保留了研究室的机构设置，但却未给研究室配有或仅仅者配有很少量的检察官员额，这在一定程度上影响了法律政策研究工作的开展。对此，笔者认为，即便是在新形势下，研究室机构也绝对不是可有可无的虚设机构，而

是开展法律政策研究工作的重要载体。如果取消了研究室的机构设置，则会严重削弱法律政策研究工作的作用发挥，正所谓"皮之不存，毛将焉附"，开展法律政策研究工作的职能部门都不能独立存在，那么法律政策研究工作将如何开展？

毋庸置疑，当前研究室工作确实存在一些问题，但这并非是研究室机构或者职能设置本身所固有的问题，而是源于有的检察院对研究室重视不够，或者附加了太多职责之外的工作，从而造成研究室的业务职能与办公室、政工部门相互交叉，造成了有的地方研究室偏离了专题调研、立法研究、案例指导、参与司法解释制定等主要职责，"荒废"了为领导决策提供参考、为检察办案实践提供服务等主业，这应当是有的地方研究室面临被撤并、拆分的主要症结所在。

三、新形势下，加强研究室机构建设的思考

研究室是检察机关的新型智库，是检察机关的综合性业务部门，是对检察办案过程中发现的困难问题进行分析、研究，提出对策性建议和指导性意见的专门性内设机构。新形势下，检察机关依托研究室这一实体部门开展调查研究、立法研究、司法解释等工作是十分必要和紧迫的，研究室机构不但不应当被撤并、拆分，而且应当不断加强。

（一）全国检察机关研究室系统要紧紧围绕其新型智库、综合性业务部门的角色定位，紧紧围绕"四个服务"，全面加强智库型机构建设，提高研究室的综合研判和战略谋划能力

各级检察机关的科学发展都离不开一个智库型机构的支撑和智力支持。研究室作为检察机关的智库型机构，其建设水平代表了检察机

关的软实力。各级检察机关应当高度重视研究室工作，将研究室机构建设作为"一把手工程"，在人员配置、机构设置上予以倾斜，使研究室真正发挥出检察机关新型智库的参谋助手作用。研究室要紧紧围绕服务大局、服务中心工作、服务领导决策和服务检察实践的"四个服务"要求，全面开展司法解释、专题调研、立法研究、检察委员会、案例指导及综合性法律研究工作，发挥出对检察业务工作的支撑和促进作用。

（二）牢固树立一盘棋思想，突出研究室系统的"集合效应"和"整体合力"

当前，有的地方研究室职责定位存在一定偏离，且职能作用没有得到充分体现，其中一个重要原因即是全国检察机关研究室系统的条线作用没有有效发挥出来，各级院研究室相互脱节、"各自为政"问题较为突出，没有产生"集合效应"和"整体合力"。研究室要牢固树立"一盘棋思想"，构建"一盘棋格局"，主要包括"横向一盘棋"和"纵向一盘棋"。"横向一盘棋"强调研究室的各项职能是相互联系、紧密结合、不可分割的一个整体，如研究室承担的专题调研、司法解释、立法研究、案例指导、检察委员会及其他法律综合研究工作等，各职能板块之间是相辅相成、相互促进的，是不可拆分的一盘棋格局。有的地方在检察改革中，将研究室的具体职能进行拆分、剥离，这是与加强检察机关新型智库建设背道而驰的，是不利于法律政策研究工作科学发展的。"纵向一盘棋"强调全国检察机关研究室系统是相互联系、紧密结合的统一体。上级检察机关要加强对下级检察机关的指导、检查，这不但需要最高人民检察院做好顶层设计，理顺关系，健全完善机制、搭建资源共享平台，也需要省级检察机关的支

持与配合。省级院研究室要发挥出承上启下的作用，将最高人民检察院和市级院、基层院连接起来，这样既能发挥出市、县级院研究室享有第一手资料和大量鲜活、丰富案件资源的优势，也能发挥出省级院研究室调动、整合、分析、收集、整理地方各级各类信息的优势，真正发挥出研究室做好"四个服务"的作用。

（三）突出两个重点，健全完善研究室工作机制，全方位搭建成果转化和价值实现的平台

最高人民检察院副检察长柯汉民在全国检察机关法律应用培训班上的讲话中强调，研究室要加强检察理论研究和检察实务研究，要紧紧围绕检察工作中的法律适用问题开展研究。为此，各级检察机关研究室应当不断健全检察数字化平台，建立参考数据库、数字图书馆等平台，完善调研课题制、检校合作交流机制、成果转化机制等，进一步增强检察机关与高校、科研机构的互动，开展联合调研，整合研究力量，丰富研究模式和成果交流模式，通过举办检察研究论坛、专题研讨、案例研讨、学术交流等多种方式，实现调研成果转化，不断提升研究室智库型机构的研究能力和服务能力。

（四）实施复合型人才培养计划，建立全国研究型人才库，为研究室智库型机构建设提供充足的后备力量

研究室人才培养和工作人员队伍素能提高是做好研究室工作的重要内容，也是加强研究室机构建设的重要保障。各级检察机关应当不断加强研究室工作人员的能力建设，特别是最高人民检察院和省级检察机关研究室多组织各种类型的业务培训或者网络培训，丰富研究室人员的业务知识，开阔视野。要实施复合型人才培养计划，建立全国统一的"研究型人才库"或建立"检察智库"，要通过检校合作等方式定期组织研究型人才进行学习、考察，提高研究能力。完善人才激励、使用、交流工作机制，将各级检察机关研究室建设成为名符其实的中国特色新型智库，为推动检察工作科学发展贡献力量。

职务犯罪侦查中搜查权的价值及程序控制

韩筱筠　周　剑*

职务犯罪案件侦查过程中，搜查作为一项重要的侦查手段，对案件的突破以及扩大战果、固定证据、防止翻供翻证等均具有重要作用。但是，搜查具有一定强制性，使用不当极易侵害公民的合法权益。本文拟从搜查工作的现状着手，探讨搜查的价值，提出对职务犯罪搜查加以控制和完善的措施。

一、侦查中搜查较少适用的现状分析

搜查权是刑事诉讼法赋予侦查机关的一项重要职权，但目前自侦部门搜查使用率并不高。即使在侦查中使用搜查，也多数是在犯罪嫌疑人有所交代的情况下，再根据口供采取搜查来固定相应证据。总体而言，自侦部门在查办案件过程中搜查的使用是相对被动、消极的。主要原因有：

（一）职务犯罪案件具有特殊性，搜查成本高风险大

职务犯罪案件侦查与其他刑事案件侦查不同，其调查对象一般是从事公务的国家工作人员，具有一定的政治影响力和社会地位，而搜查在人们潜意识里就是"抄家"，对犯罪嫌疑人政治前途和家庭影响较大，也极易引起社会舆论的关注。如果在侦查后因犯罪嫌疑人没有犯罪事实或者证据不足导致撤案，对犯罪嫌疑人造成的负面影响以及对侦查部门自身的不良影响都难以挽回。这也是检察机关比公安机关更注重使用"有证搜查"的重要原因。[①] 此外，由于初查往往接触犯罪嫌疑人，而从接触到决定立案需要一段时间，嫌疑人家属极可能利用这段时间对涉案财物进行转移，导致立案后搜查获取其犯罪证据的可能性很小。由此，立案后启动搜查并且通过搜查取得直接证据的情况并不多，搜查工作在反贪办案实践中成为一项成本高、风险大却收效甚微的侦查手段。

（二）遵循"由供到证"办案模式，侦查依赖口供

从现有的侦查模式看，职务犯罪侦查依赖口供的情况尚未根本改变，侦查人员在查办案件特别是贿赂案件过程中，往往将主要精力放在对犯罪嫌疑人口供的突破上。实践中，通常是犯罪嫌疑人交代犯罪事实后，侦查人员再根据犯罪嫌疑人的交代开展搜查工作，即传统的"由供到证"模式。这是效率较高的取证、固证方式，但受此办案模式惯性的影响，搜查也变成了施加压力交换稳定供述的工具，"将搜查手段作为悬在犯罪嫌疑人头上的利剑，悬而不坠"，[②] 或为了扣押赃款、赃物，而忽略了搜查在搜集证据中的重要作用，难以发挥搜查

＊作者单位：江苏省常州市人民检察院。
①有证搜查，是指申请办理搜查证后，再进行搜查。无证搜查，是在法律规定的紧急情形和附随于拘留、逮捕行为时的紧急搜查行为，需补办相关手续。据不完全统计，检察机关办案的案件有证搜查比例高者达 76.92%，低者达 53.85%，均明显高于公安机关 1.32%—8.8% 的有证搜查比例。参见邢永杰、侯晓焱：《从失范到有序：实证视角下我国搜查制度的完善路径》，载《人民检察》2013 年第 6 期。
②刘漫、陈蕾：《开展搜查工作要讲究时机》，载《检察日报》2013 年 4 月 16 日。

查找其犯罪证据的功能，以至于案件战果很难扩大。

（三）搜查内容隐蔽复杂，搜查难度增大

当前贪污贿赂犯罪的手段日趋隐蔽、复杂，甚至愈来愈高科技化，受贿的对象、赃款赃物的藏匿地点越来越难以发现，相对应搜查的甄别工作量更大。主要表现在：犯罪嫌疑人犯罪所得和其正当收入、家属财产混同，难以辨别；受贿对象为古董、字画、奢侈品等贵重物品的，侦查人员很难鉴定其真伪、判断其价值，对这类物品的搜查、扣押，还须防范因扣押、保管不当造成涉检信访问题。同时，由于当前官员财产公开制度未执行或执行不严，无法通过社会信用等制度进行有效监管，导致其犯罪所得、赃物隐匿很难被发现。

（四）电子数据的特性差异，给搜查方法带来新挑战

在刑事搜查等侦查活动中，电子证据带来了许多挑战。"如果说传统搜查一般表现为侦查人员持证闯入某个封闭的场所，检查并带走某些涉案的物品，那么计算机搜查则完全是另一回事。"[①] 在传统的刑事搜查中，侦查机关一般是在现实空间如对人身、场所进行搜查，而在搜查电子证据时，面对的是不同于现实的虚拟空间，现行法律规定不完善以及侦查人员专业技术的欠缺，使电子证据的刑事搜查面临新的挑战。电子数据刑事搜查不仅仅要有侦查人员参与，也需要技术人员将嫌疑人的计算机硬盘等存储介质中的数据复制下来，拿到实验室中分析检验，然后将所发现的涉案数据再复制留存，程序比较复杂。

二、搜查在查案中的价值

（一）查获犯罪证据

由于职务犯罪查处对象的特殊性，刑事司法体制将立案程序实体化，要求立得住、诉得出、判得了，立案即意味着实体意义上的查办。在此情况下，检察机关在立案后快速启动对犯罪嫌疑人人身、物品、住处的搜查，能够有效防止犯罪嫌疑人及其家属隐匿、转移或销毁罪证，从而有效地获取并固定证据。同时，通过搜查扣押电脑硬盘、U盘、手机等原始介质并进行分析，能够在计算机内储存的虚拟空间准确有效地获取有关犯罪的电子数据。

（二）保障案件质量

及时有效的搜查，尤其是搜查出与案件相关联的财产、物品，无疑会对犯罪嫌疑人产生一定的心理压力。侦查人员可适时向其透露搜查进展情况，向其展示部分证据，造成犯罪嫌疑人产生检察机关已掌握其大量犯罪证据的认识。在宽严相济刑事政策引导下，犯罪嫌疑人供述动机更容易形成，使其感到"说了对自己更有利"，从而进一步交代犯罪事实。通过搜查等查找的案件线索或证据，能够促成犯罪嫌疑人的"自愿供述"，且不违背任意性自白的原则，与强攻硬取的口供相比，更为客观真实，从而保障案件质量。

（三）转变侦查模式

由于我国现行的刑事法律制度设计不尽合理，导致了侦查离不开口供的"口供中心"侦查格局。侦查人员在查办案件时，受现行刑事侦查模式及惯性思维影响，往往将主要精力放在对犯罪嫌疑人口供的突破上，导致形成认为必须先突破犯罪嫌疑人的口供再寻找关键证据

---

① 刘品新：《论计算机搜查的法律规制》，载《法学家》2008 年第 4 期。

以及其他对应证据，不突破口供，就没有证据或证据不足的侦查思维模式。而通过重视搜查等侦查手段，可以有效地使侦查人员思维从过去的"直线式"转化为"发散式"，对人、案、物等信息加以全面地收集、梳理、掌握和运用，从而转变侦查模式，使侦查取证重心由突破口供向收集外围证据转移，重视收集与案件有关的旁证、物证等外围间接证据，形成证据链条来锁定犯罪事实，改变侦查人员主观经验主义判断的状况。

三、搜查的程序控制

搜查作为一项很可能会侵犯公民人身、财产权利的高强制手段，目前在职务犯罪侦查中的启动门槛却较低，申请、决定还有执行主体都是检察机关侦查人员，这些虽然赋予了侦查部门启动搜查的便利条件，但也同时缺乏必要的审查。[①] 在现行规则下，侦查部门需要做的是加强自我约束，严格适用条件，防止非法搜查导致搜集的证据作为非法证据被排除，防止搜查的随意性对检察机关司法公信力可能带来的不良后果和影响。

（一）严格内部审批程序

《人民检察院刑事诉讼规则（试行）》（以下简称《刑事诉讼规则》）规定，搜查证由检察长签发，搜查应当在检察人员的主持下进行。搜查证的获取基本上属于一种内部控制的模式，搜查审批程序的制约功能因而被大大削弱。[②] 因此，搜查权的运作，应从程序上加以严格规定。一是在启动搜查上，必须事先经过充分调查，即犯罪嫌疑人的人身或相关场所存在犯罪证据的可能性极大，需要通过搜查的措施来进行获取。二是对于搜查对象应有明确要求。加强搜查证对搜查的指引及限制作用，防止泛泛填写对某某的人身、住所、办公场所进行搜查。如果搜查的是场所，最好细致到门牌号，甚至是房间；如果搜查的是人身，应在搜查证上注明其姓名、身份证号；如果搜查的是特定物品，应注明其具体特征，以达到搜查人员可以明白无误地识别相对物的程度。三是加强对搜查行为的审批。对于搜查时间、邀请见证人见证、搜查中的安全防范措施等方面都应准备详细的方案，作为内部审批时的重要依据。

（二）发挥搜查笔录功能

搜查结束后，按刑事诉讼法及《刑事诉讼规则》的规定，侦查人员要制作搜查笔录。搜查笔录的功能除了固定证据外，还具有告知功能和搜查程序记录和保障功能，若嫌疑人亲属拒不配合，或者以暴力等方式阻扰侦查人员，或者抢夺、毁灭证据，如果足以影响侦查人员对涉案罪证调查，可通过搜查笔录的记载进行反映。

（三）规范电子数据搜查的程序

在对电子数据进行搜查时，应当附有搜查笔录、清单，并经侦查人员、电子数据持有人、见证人签名。没有持有人签名的，应注明原因。远程调取境外或者异地电子数据的，还应注明电子数据的规格、类别、文件格式及相关情况。对于以秘密搜查方式获取的电子数据，应将获取该电子数据证据的时间地点经过、获取人的姓名等制作成笔录附卷，同时需要通过讯问或其他方式转化才能作为证据使用。

[①] 有学者认为，搜查权力的运用很可能异化为附随于办案的需要、行动的便利，而不是真正必要时为之。参见彭江：《刑事搜查控制模式分类研究》，载《金陵法律评论》2012 年第 1 期。
[②] 参见左卫民：《规避与替代——搜查运行机制的实证考察》，载《中国法学》2007 年第 3 期。

四、用搜查推进查案工作的建议

（一）准确把握搜查时机

实践中，在初查阶段，办案人员常在对犯罪嫌疑人突审一段时间后待正式立案再进行搜查，但犯罪嫌疑人的家属极有可能在这段时间里转移、隐匿赃款赃物。因此，检察机关在初查决定接触调查对象前即要查明被搜查处所的周围环境，进行必要的监控。立案后尽快启动搜查工作，尽量与传唤同步进行，对犯罪嫌疑人的人身、物品、住处及办公地点进行搜查，使犯罪嫌疑人及其家属来不及隐匿、转移或销毁证据，以快速、有效地获取证据，同时起到震慑效果，减少案件侦查阻力。

（二）周密部署，保障搜查顺利进行

搜查是一项复杂、具体的工作，在行动前应周密部署，做到细致、严谨、保密。首先，在决定搜查前，负责同志应对有关事项保守秘密，临出发前再向搜查人员介绍搜查事宜，防止走漏风声，导致搜查行动失败。其次，在正式申请搜查时，应当制订详细的搜查方案，明确搜查目标，注意收集有关被搜查人的情况，明确安全防范措施。再次，搜查时应了解被搜查处周围的环境，做好充分准备，配备足够人员，及时对搜查物品的来源以及嫌疑人家属表情神色加以分析判断，确认其与案件的相关性，保证搜查效果，避免浪费时间及司法成本。

（三）搜查内容要有重点倾向性

随着经济社会活动的发展，传统的搜查方式已经不能适应现今越来越复杂的贪污贿赂犯罪案件，要在有限的时间内通过搜查获得关键性证据，就必须有重点地进行搜查。对嫌疑人办公室的搜查，应重点关注其保险柜、文件柜、休息室，查找有无大额现金、购物卡、贵重物品以及工作簿、台历、记事本等。对嫌疑人住所的搜查，应重点关注对桌子、床、枕头套、天花板特别是有夹层的地方等，在查找异常的大额现金、购物卡、贵重首饰物品、奢侈品包之外，对于文字记录的单片纸张、发票等也应留意。值得注意的是，犯罪嫌疑人的手机、电脑、行车记录仪等电子设备也应进行重点搜查，由于电子产品等更新换代较快，其中存储的数据也极有可能就是办案所需的证据。

指定异地侦查存在的问题及解决路径

曹有东[*]

近年来，随着检察机关进一步加大查办职务犯罪力度，为了确保侦查活动的顺利进行，上级检察机关对一些职务犯罪主体级别较高的案件或在当地影响较大的案件以指定管辖的方式交由下级检察机关查办，这对于充分发挥检察机关侦查一体化机制优势，减少办案阻力和干扰起到了重要作用。在指定异地侦查不断普遍化、常态化的背景下，如何积极寻求和探索完善指定异地侦查的路径，理顺指定异地侦查案件侦查、起诉与审判管辖的关系，对于推进职务犯罪侦查工作法治化具有重要的理论价值和现实意义。

一、指定异地侦查的重要意义

根据刑事诉讼法的规定，刑事案件一般实行地域管辖。由于职务犯罪嫌疑人往往位高权重，人际关系广，各种关系盘根错节，在权力范围内影响力大，活动能量大，易于找人说情、打招呼，如果由当地检察机关侦查往往会遇到很大的阻力。鉴于当前我国司法现状和职务犯罪的特殊性，上级检察机关对于一些不宜由犯罪嫌疑人工作单位所在地检察机关侦查的案件往往以交办或指定管辖的方式交下级检察机关立案侦查。通过改变案件管辖，可以在一定程度上避免犯罪嫌疑人及其亲属利用当地社会关系网对侦查活动

进行干扰，排除和减少当地各种关系对查办案件的影响。司法实践中，这一侦查模式正被广泛运用于查办职务犯罪案件之中。

二、指定异地侦查存在的主要问题

（一）现行法律对侦查管辖规定不明

现行刑事诉讼法只对立案管辖和审判管辖作了规定，却并未对侦查管辖进行明确。事实上，立案管辖、侦查管辖、审判管辖是三个完全不同的概念。立案管辖是公检法三机关之间在直接受理刑事案件范围上的权限划分，解决的是案件由三机关中哪一机关立案受理的问题；审判管辖是各级法院之间、同级法院之间在审判一审刑事案件上的职权划分，解决的是刑事案件具体应该由哪一个法院进行一审的问题；而侦查管辖是侦查机关对刑事案件行使侦查权的范围划分，解决的是具体应当由哪一侦查机关对案件进行侦查的问题。我们知道审判需要以立案侦查为前提，刑事案件必先经过立案侦查、审查起诉阶段，然后才能进入审判阶段。然而由于立法上的缺陷，需要以审判管辖来逆推侦查管辖和起诉管辖，致使侦查管辖从属和依附于审判管辖。这种倒置确定管辖的方式显然有违诉讼规律，直接导致检察机关的指定侦查管辖对后续法院审判管辖没有法律效力，也为后续的检法两家诉前协商、管辖争议、法院重新

指定管辖等留下了空间。

（二）指定异地侦查随意性大

指定异地侦查有两种形式，一种是交办，即上级检察机关将本院管辖的案件交由下级检察机关侦查，其实质是上级检察机关将自己根据级别管辖所享有的侦查管辖权授权于下级检察机关行使；另一种是指定异地办理，即上级检察机关将本应由下级检察机关根据地域管辖的案件指定其他检察机关进行侦查，其实质是使不具有侦查管辖权的检察机关具有了侦查管辖权。指定异地侦查主要源于《人民检察院刑事诉讼规则（试行）》的规定。第十四条规定："上级人民检察院在必要的时候，可以直接立案侦查或者组织、指挥、参与侦查下级人民检察院管辖的案件，也可以将本院管辖的案件指定下级人民检察院立案侦查。"第十八条规定："上级人民检察院可以指定下级人民检察院立案侦查管辖不明或者需要改变管辖的案件。人民检察院在立案侦查中指定异地管辖，需要在异地起诉、审判的，应当在移送审查起诉前与人民法院协商指定管辖的相关事宜。分、州、市人民检察院办理直接立案侦查的案件，需要将属于本院管辖的案件指定下级人民检察院管辖的，应当报请上一级人民检察院批准。"然而这些规定也十分原则和笼统，对指定管辖的案件类型、适用原则、条件范围等均无明确具体规定，对哪些案件需要改变侦查管辖也无具体的评判标准。因缺少必要的依据，上级检察机关在指定管辖上具有很大的自由裁量权，且指定理由不充分，做法不一，途径混乱，随意性大，甚至存在滥用的情形。特别是有的上级检察机关违背地域管辖的原则，过多地适用指定异地侦查，而没有科学客观地评判和衡量是否应当或

确有必要改变侦查管辖，导致一些原本可以由当地检察机关侦查的案件被指定异地侦查，使作为一种补充的管辖形式逐渐成为一种通行做法。同时，也间接导致了一些基层检察院利用指定管辖争抢案源的现象。

（三）指定异地侦查案件诉前协商机制不健全

对于指定异地侦查的案件最终由哪一个法院具体负责审判，司法实践中有三种做法：一是按照地域管辖交回犯罪嫌疑人工作单位所在地法院审判；二是交由与被指定侦查检察机关相对应的法院审判；三是由上级检察机关与法院协商指定其他第三地法院审判。根据有关规定，指定异地侦查案件在侦查终结时，涉及异地起诉、异地审判的，需要在移送审查起诉前与法院协商指定管辖相关事宜，以确定具体审判管辖法院。因指定异地侦查诉前协商机制不健全、不畅通，加之上级检察机关指定侦查管辖时缺乏与法院进行有效的协商沟通，检察院、法院在个案协商审判管辖过程中常在管辖权认识上产生一些分歧，从而使案件得不到及时移送审查起诉，最终造成侦查、起诉、审判诉讼阶段的不衔接、不协调，影响诉讼活动的顺利进行。

（四）司法成本高、司法资源耗费大

指定异地侦查就意味着异地调查取证、异地羁押、异地起诉、异地审判等一系列问题，需投入大量的人力、物力、财力，耗费大量的司法资源，司法成本也会比由当地检察机关查办高。同时，侦查人员需面对人生地不熟、来往于各地调查取证、统一业务应用系统使用不便等现实问题。而且，指定异地侦查需要上下级检察机关之间，上级检察机关与同级法院之

间，上级检察机关的同级法院与被指定管辖的下级法院之间在指定异地侦查、异地起诉、异地审判方面进行协商、协调等，这需要经过烦琐的程序和手续，花费大量的时间和精力，如果不加选择地适用，不仅不符合诉讼经济原则，也容易拖延办案时间，影响办案效率。

（五）刑事诉讼管辖权异议制度缺失

管辖权异议，是指在诉讼过程中，当事人认为受诉法院对案件无管辖权时，向受诉法院提出其对该案件无管辖权的主张。民事诉讼法和行政诉讼法都明确规定了当事人有权提出管辖权异议，但刑事诉讼管辖权异议制度在我国刑事诉讼立法上尚处于空白状态，犯罪嫌疑人无权对司法机关的管辖提出异议，也无途径进行权利救济。该制度的缺失，不但有损犯罪嫌疑人的合法权益，也会影响诉讼的公正性。

三、完善指定异地侦查的方法和路径

要有效破解指定异地侦查面临的难题，首先需要通过修改刑事诉讼法和出台司法解释为其提供明确的法律依据。鉴于刑事诉讼法短期内不可能修改的现实，建议由最高人民检察院、最高人民法院共同研究、联合制定有关司法解释或司法文件，进一步明确职务犯罪指定侦查管辖制度，对指定异地侦查、异地起诉、异地审判的原则、案件类型、适用条件、适用范围、具体程序等作出明确规定，进一步理顺检察机关内部之间、检察机关与法院之间在异地侦查、异地起诉、异地审判管辖方面的关系，以保证该类案件诉讼程序的顺利进行。笔者认为，可以从以下几个方面加以完善。

（一）确立指定异地侦查的适用原则

检察机关对职务犯罪立案侦查时应严格执行和遵循以地域管辖为主的侦查管辖原则，除上级检察机关根据级别管辖侦查的案件外，一般案件原则上都应由当地检察机关侦查。指定管辖作为地域管辖的一种例外和必要补充，上级检察机关只有在综合考量犯罪嫌疑人的影响力和关系网是否足以妨碍当地检察机关依法独立侦查后，有充分的理由认为可能存在干扰侦查活动的情形，致使当地检察机关明显不适宜行使侦查管辖权，确有必要集体回避时，才应当指定异地侦查。

（二）限定指定异地侦查的案件范围

为有效规制上级检察机关随意扩大指定管辖，指定异地侦查案件的范围应仅限定于具有特殊身份犯罪主体的案件，比如犯罪嫌疑人是具有省部级、厅局级、县处级等行政级别的领导干部，担任当地党委、人大、政府、政协的领导及其近亲属，当地行政部门、国有企事业单位的主要领导干部，当地司法机关工作人员，以及其他具有特殊身份的犯罪嫌疑人等。只有犯罪嫌疑人是这些特殊的犯罪主体时，才应当指定异地侦查。

（三）明确被指定侦查的检察机关应具备的条件

上级检察机关指定异地侦查时，应从办案力量充足，侦查能力强，查办大要案经验丰富，能够有效预防和排除各方干扰，保证案件顺利查办的下级检察机关中慎重选定。同时，为了兼顾异地侦查、异地羁押、异地起诉、异地审判所耗费的司法成本，以及便于证人等参与诉讼活动，应优先指定与犯罪嫌疑人工作单位所在地相邻近，且与犯罪嫌疑人履职经历及社会人脉关系联系不大的下级检察机关。

（四）规范指定异地侦查的审批程序

为进一步规范上级检察机关指定异地侦查程序，应对其指定方式、指定途径、审批程序等作出明确规定，并进一步细化和完善指定管辖工作机制。上级检察机关应严格按照有关规定指定异地侦查，在全面分析和评估案件是否有必要改变管辖的基础上，严格履行相关审批和报备手续。上级检察机关将本院管辖的案件指定下级检察机关侦查或者将下级检察机关管辖的案件指定异地侦查，应当报经本院检察长批准，并报请其上一级检察机关审批。同时，应当制作《交办案件决定书》、《指定管辖决定书》，并抄送本院侦查监督、公诉部门。

（五）增设刑事诉讼管辖权异议制度

建议充分借鉴国外成熟的立法例构建我国刑事诉讼管辖权异议制度，在刑事诉讼法中明确规定犯罪嫌疑人有权对异地侦查、异地审判管辖提出异议。犯罪嫌疑人如果认为指定异地管辖会损害其合法权益或造成不利影响的，有权提出异议，要求将案件移送给其他司法机关管辖。同时上级检察机关在指定异地侦查时，应依法告知犯罪嫌疑人及其近亲属指定异地侦查的理由。对管辖权异议，检察机关应当审查，认为指定异地侦查明显不当的，裁定撤销原指定管辖，重新作出指定管辖决定，以维护犯罪嫌疑人合法权益。

（六）建立指定侦查管辖决定审判管辖制度

诉前协商指定审判管辖，其本身不可避免地存在"讨价还价"、妥协退让的情况，其选择性大、不确定因素多，不符合法律的确定性和程序法定原则。因而，指定侦查管辖的科学设计和合理配置，对于有效解决异地审判管辖争议具有重要意义。应从诉讼经济原则、诉讼便利原则出发，建立指定侦查管辖预决制度，即上级检察机关的指定侦查管辖对后续法院的审判管辖具有效力，审判管辖是侦查管辖的自然延伸，审判管辖受先前指定侦查管辖的约束。明确规定对于指定异地侦查的职务犯罪案件，原则上应由被指定侦查检察机关审查起诉，由与其相对应的同级法院审判，上级法院无正当理由不得再重新指定审判管辖；如有特殊情况，认为该案由其他第三地法院审判更为合适的，则由上级检察机关与同级法院协商指定管辖。但为排除当地社会关系对法院公正审判的影响，应当明确禁止将案件交回犯罪嫌疑人工作单位所在地法院审判。

辩护律师侦查阶段是否有调查取证权

赵学武[*]

修改后刑事诉讼法赋予律师在侦查阶段以辩护人的身份进行相关诉讼活动，这无疑扩大了辩护律师的辩护权。但是，辩护律师在侦查阶段是否拥有调查取证权却是个争议很大的问题，这关系到辩护律师收集的证据是否具有证据力。一种观点认为，辩护律师在侦查阶段有调查取证权；[①]另一种观点认为，辩护律师在侦查阶段没有调查取证权。[②] 笔者认为，分析辩护律师在侦查阶段调查取证权的有无或取证范围的界定，要结合我国的现有法律法规、司法实践和辩护权逐步扩大的历史进程为基点，才能得出合理的结论。

一、分析之基础

（一）刑事辩护的类型

传统意义的审判是指法院为解决被告人刑事责任问题而进行的司法裁判活动。随着中国法律制度的发展，刑事审判已经逐渐突破原来固有的实体性裁判范围，而衍生出程序性裁判的机制。所谓程序性裁判，是指那些为解决控辩双方存在的程序性争议而举行的司法裁判活动，[③] 例如回避申请、管辖异议等。随着程序性裁判的出现，相应地在刑事辩护中也新生了程序性辩护的类型。自 2010 年《关于办理刑事案件排除非法证据若干问题的规定》实施以来，程序性辩护已走出法庭，进入审判前的诉讼阶段，并贯穿于刑事诉讼的全过程。为适应形势发展需要，修改后刑事诉讼法第三十五条明确规定了实体辩护与程序辩护的内容："辩护人的责任是根据事实和法律，提出犯罪嫌疑人、被告人无罪、罪轻或者减轻、免除其刑事责任的材料和意见，维护犯罪嫌疑人、被告人的诉讼权利和其他合法权益。"可见，维护犯罪嫌疑人、被告人的诉讼权利，不仅体现了程序辩护的独立含义，而且与前面的实体辩护呈现出并列关系，凸显了两者相辅相成、不可或缺、应当并重的精神和要求。[④] 程序辩护主要体现在申请变更强制措施，对超期羁押、刑讯逼供、违法侦查等行为的控告、要求纠正等。相关司法解释为辩护律师在审前程序开展程序辩护提供了明确依据。《人民检察院刑事诉讼规则（试行）》（以下简称《刑事诉讼规则》）第三十一条规定，"因符合刑事诉讼法第二十八条或者第二十九条规定的情形之一而回避的检察人员，在回避决定作出以前所取得的证据和进行的诉讼行为是否有效，由检察委员会或者检察长根据案件具体情况决定。"该规定确立了裁

＊作者单位：江苏省人民检察院。

① 参见郎胜主编：《中华人民共和国刑事诉讼法修改与适用》，新华出版社 2012 年版，第 101—102 页。
② 参见尹吉：《2012 年全国刑事诉讼法学研究会年会热点综述》，载《检察研究》2012 年第 3 卷。
③ 参见陈瑞华：《程序性裁判中的证据规则》，载《法学家》2011 年第 3 期。
④ 参见陈光中主编：《〈中华人民共和国刑事诉讼法〉修改条文释义与点评》，人民法院出版社 2012 年版，第 26 页。

量宣告诉讼行为无效的规则。根据该规定，检察人员违反回避规定情节严重，严重妨害司法公正的，可以宣告回避决定前的诉讼行为和证据无效，从而维护程序法定和司法公正。据此，辩护律师可以在侦查阶段和审查起诉阶段开展程序性辩护。《公安机关办理刑事案件程序规定》第三十七条也作了类似规定。

（二）证明对象的类型

随着2010年《关于规范量刑程序若干问题的意见（试行）》和《关于办理刑事案件排除非法证据若干问题的规定》实施以来，我国刑事诉讼的审判程序得到了极大的发展，在原有定罪审判程序的基础之上，又建立了相对独立的量刑程序和证据合法性审查程序。因此，刑事案件的证明对象也进一步明确和细化，可分为定罪事实、量刑事实和程序事实。定罪事实和量刑事实合称实体事实。因为证明对象的不同，调查取证权的范围也不尽相同。后将分述之。

二、关于辩护律师对程序事实的调查取证权

笔者认为，辩护律师对程序事实拥有调查取证权。理由如下：

（一）满足辩护律师开展程序辩护的需要

在审前程序中，对绝大多数案件来说，进行实体辩护可能还不具备条件或者时机还不成熟，有待进入审判阶段才能充分展开。而程序辩护贯穿刑事诉讼始终，刑事诉讼一旦启动，就需要为犯罪嫌疑人提供程序辩护，以维护犯罪嫌疑人的诉讼权利，同时，也为审判阶段的实体辩护打下坚实基础。这种理解符合修改后刑事诉讼法第三十五条和第三十六条的精神。

（二）满足当事人及其辩护人履行诉讼义务的需要

根据法律法规的规定，侦查阶段的程序事实主要包括管辖、回避、证据收集的合法性等。

法律赋予当事人及其辩护人启动上述程序的请求权，但要求其提供相应的证据或者材料。要求当事人及其辩护人提供证据的，如《刑事诉讼规则》第六百一十八条。要求当事人及其辩护人提供材料的，如《刑事诉讼规则》第二十三条、第六十八条第二款的规定，特别是第六十八条第二款规定："当事人及其辩护人、诉讼代理人报案、控告、举报侦查人员采用刑讯逼供等非法方法收集证据并提供涉嫌非法取证的人员、时间、地点、方式和内容等材料或者线索的，人民检察院应当受理并进行审查，对于根据现有材料无法证明证据收集合法性的，应当报经检察长批准，及时进行调查核实。"结合修改后刑事诉讼法第四十八条关于证据的规定，上述条款中的材料即是用于证明案件程序事实的证据。

赋予辩护律师在侦查阶段就程序事实的调查取证权，是行使控告侦查机关非法取证等诉讼权利的需要，也是及时收集程序事实证据的需要。侦查程序具有封闭性、秘密性的特点，如不及时收集相关程序事实证据，这些证据大多会灭失，也难以及时排除非法证据，维护当事人合法权益，促进司法公正和保障人权的目的也难以实现。

三、关于辩护律师对定罪量刑事实的调查取证权

修改后刑事诉讼法对于辩护律师在侦查阶段调查取证权的规定是矛盾的，既有肯定的条文，也有否定的条文。

（一）有调查取证权的依据

修改后刑事诉讼法第三十三条规定，犯罪嫌疑人自被侦查机关第一次讯问或者采取强制措施之日起，有权委托辩护人。该条明确了律师在侦查阶段辩护人的地位。第三十五条规定了辩护人的责任，根据该条规定，辩护律师有

权收集证据材料，维护当事人的合法权益。第四十条规定了辩护人的证据开示义务，要求辩护人将收集到的三类特定证据向公安机关开示，说明辩护律师在侦查阶段有调查取证权。第四十一条规定了辩护律师收集、调取证据权，即"辩护律师经证人或者其他有关单位和个人同意，可以向他们收集与本案有关的材料"。

（二）没有调查取证权的依据

修改后刑事诉讼法第三十六条规定了侦查阶段辩护律师的权利。从内容上看，该条对侦查阶段辩护律师的权利进行了详细列举，但却未对辩护律师的调查取证权作出规定。第三十七条则规定了辩护律师的会见。但在侦查阶段，辩护律师会见在押的犯罪嫌疑人只能了解案件有关情况、提供法律咨询等；只有在审查起诉阶段，才可以向犯罪嫌疑人核实有关证据。可知辩护律师在侦查阶段是不能向犯罪嫌疑人核实证据的，这从侧面说明辩护律师没有调查取证权。第四十一条规定的辩护律师收集、调取证据权的申请对象为人民检察院、人民法院，而未提及公安机关，说明辩护律师的权利仅限于审查起诉和审判阶段。

（三）解释矛盾立法的思路

矛盾的立法，如何解释？法律一经制定，即脱离立法者，而具有独立的生命。司法者必须坚持客观立场，发挥主观能动性，通过解释使矛盾的法条变得协调，从而实现法的安定性和正义。

1. 解释的背景

解释辩护律师在侦查阶段调查取证权的有无或取证范围，应当考虑以下背景因素：

一是辩护律师的权利来自于法律授权。笔者认为，辩护律师的辩护权是一种社会权利，来自法律的赋予，而非公民权利，不适用法无禁止即自由的原则。[①] 中国辩护权范围逐步扩大的过程，就是一个证明。1979 年刑事诉讼法规定的辩护权仅限于审判阶段，1996 年刑事诉讼法规定的辩护权则扩大到审查起诉阶段，而修改后刑事诉讼法将辩护权扩大到了侦查阶段。当然，其权利的完善发展是个渐进的过程。辩护权由法律授权规定，自然，辩护律师在侦查阶段调查取证权的范围也应当依据现行法律法规来界定，结合我国的司法实际理性确定。

二是我国刑事诉讼中取证主体的法定性。我国法律法规确定的取证主体，是公检法等司法机关、行政机关、辩护律师，[②] 当事人无权收集证据。当事人拥有证据的，可以提供给上述主体，而不能自行去收集证据。因此，辩护权来自于当事人的委托，但并不包含调取证据权。

三是取证效果。侦查阶段主要是由侦查机关对案件事实进行调查，收集证据，查获犯罪嫌疑人的特殊活动。赋予律师广泛的调查取证权可能会对侦查活动造成冲击。同时，因侦查活动的特殊性，辩护律师对案件事实了解有限，甚至片面，此时的调查取证具有盲目性，取证效果难以保证。国际通行惯例是，辩护律师对控方证人不作庭外调查，重点申请法院调取证据或通知证人出庭。从辩护的分工看，侦查阶段以程序辩护为主，保障犯罪嫌疑人的诉讼权利；实体辩护为辅，主要围绕犯罪嫌疑人是否实施犯罪或是否应当依法追究刑事责任。

四是辩护律师的执业风险。毋庸讳言，辩

---

① 参见尹吉：《2012 年全国刑事诉讼法学研究会年会热点综述》，载《检察研究》2012 年第 3 卷。
② 诉讼代理人只能向人民法院、人民检察院申请收集、调取证据，法律授权来自最高人民法院《关于适用〈中华人民共和国刑事诉讼法〉》的解释》和《刑事诉讼规则》。

护律师主动开展调查取证是有一定执业风险的。修改后的刑事诉讼法第四十二条第一款规定，辩护人不得帮助犯罪嫌疑人、被告人隐匿、毁灭、伪造证据或者串供，不得威胁、引诱证人作伪证以及进行其他干扰司法机关诉讼活动的行为。而刑事诉讼法关于防范律师执业风险的制度设计在空间隔离和时间隔离上均不充分。① 因此，将侦查阶段调查取证权范围界定得窄一点，也符合我国的司法实际。

2.解释的方法

使法律之间相协调是最好的解释方法。② 对辩护律师调查取证权的解释应当坚持体系解释的方法。

修改后刑事诉讼法第三十六条以列举的方式明确规定了辩护律师在侦查阶段的权利，笔者认为第三十六条和第四十条是原则与例外的关系，即在侦查阶段，辩护律师就实体事实原则上没有调查取证权，但是，根据第四十条的规定，就法定三类证据具有调查取证权。第三十六条和第四十一条是前后衔接的关系，第三十六条明确辩护人在侦查阶段原则上没有实体事实调查取证权，第四十一条授权辩护律师从审查起诉阶段可以行使调查取证权。因此，刑事诉讼规则第五十二条和第五十三条规定的人民检察院接受辩护律师申请调取证据权，应界定为审查起诉阶段，也就是说，在侦查阶段检察机关不接受辩护律师的调取证据申请。这使刑事诉讼法第三十六条、第三十七条、第四十条、第四十一条之间协调一致。

3.解释的结论

综上所述，笔者认为，辩护律师在侦查阶段就案件事实的调查取证权仅限于刑事诉讼法第四十条的范围，即法律规定的三类证据。犯罪嫌疑人、近亲属及其他知情人员，掌握了证据，积极履行作证义务，主动向辩护律师提供的，辩护律师可以接受。如此，将第四十条的"收集"作积极与消极混同的界定，理解为被动接受为主，主动收集为辅。这样第四十条的"收集"与第五十条的"收集"含义明显不同，但同一个法律用语在同一部法律之中作不同解释是常见现象，应该允许。③

---

① 参见王敏远：《略论加强对刑事辩护的维护》，载《检察研究》2012年第3卷。
② 参见张明楷：《刑法分则的解释原理》，中国人民大学出版社2011年版，序说。
③ 说明：刑事诉讼法中存在同一法律用语在不同条文中含义不同的现象，如第79条、第250条和第277条中的"故意犯罪"，详见《刑事诉讼规则》的解释。

辽宁省大连市人民检察院

提升职业能力 建设过硬队伍

↑大连市检察机关"我的检察梦"主题演讲比赛

↑大连市检察院检察长赵建伟为新聘任的特约检察员颁发聘书

↑大连市检察院组织人民监督员对讯问犯罪嫌疑人进行同步监督

↑组织开展大连市检察机关反贪污贿赂部门侦查技能竞赛

↑大连市检察机关职业导师聘任大会

辽宁省大连市检察院主动适应司法改革新形势，紧紧围绕高检院关于新时期加强过硬检察队伍建设的重大决策部署，以法治思维为导向，以法律监督能力提升为核心，以改革创新为动力，全力提升检察人员的职业能力，努力打造一支专业化、职业化的检察队伍。

深化职业意识。以"我爱检察官"为主题，开展"我的检察梦"主题演讲、"寻找我身边的感动"主题征文和基层巡回宣讲系列教育活动，培育检察人员的职业认同感、荣誉感和自豪感。

加强职业道德。组织开展"增强党性、严守纪律、廉洁从政"专题教育活动，使检察人员牢牢把握坚守职业良知、职业道德这一基础，始终保持公正廉洁本色。创新建立对基层检察院的"巡回督查制度"，切实把反腐倡廉要求落实到检察权运行的各个环节。

提升职业技能。建立完善科学高效的教育培训体系，分层分类全面开展对领导干部、业务一线检察官、检察辅助人员、综合部门工作人员的教育培训和岗位练兵。完善检察人才培养机制，拓宽检察人员职业发展渠道，着力提升检察人员执法办案、群众工作、信息化应用、新媒体时代社会沟通等四大职业能力。

规范职业行为。全面推行"检察职业导师制度"，搭建以老带新、互帮互学的"传帮带"人才培养机制。建立健全检察人员职业能力评价奖惩机制，激发检察人员规范司法的积极性与主动性。创新接受外部监督形式，以公开促规范，以公开促进职业能力提升。

高点定位 打造亮点

突出建设新型基层检察院

湖北省枣阳市人民检察院

　　高点定位创一流，打造亮点展风采，湖北省枣阳市检察院围绕"全市争第一、全省争十佳、全国争一流"的奋斗目标，着力加强"精品业务、精干队伍、精细管理"建设。

　　枣阳市检察院在突出建设新型基层检察院工作中，"七分研究，三分行动"，连续十多年年均查办职务犯罪案件达35人以上；"公开审查"、"严守四关"，连续多年未出现一起冤假错案；"两法衔接，三步三访"，切实履行监督职责，一年办理各类监督案件百余起；"三情办案"、"绿色通道"，情为民所系，权为民所用；"预防前移，延伸服务"，紧紧围绕大局，赢得群众喝彩。道德讲堂、枣检夜校、演讲比赛、文馨枣检、品味书香、文艺汇演、才艺展示，全院干警在文化的熏陶中升华自我，在精神的追求中超越自我。

　　枣阳市检察院先后四次被最高人民检察院评为"全国先进基层检察院"，连续三届蝉联"全国文明单位"，被共青团中央、最高人民检察院授予"全国优秀青少年维权岗"荣誉称号，连续多次被评为湖北省"十佳基层检察院"、"先进基层检察院"，涌现出全国优秀公诉人、全国个人一等功、全国优秀侦查员、全国政法系统优秀党员干警等一批先进人物。

↑ 2015年1月，枣阳市检察院收到检察官为其追回18万元土地转让款的农民信某和村代表一起送来的"执法为公，热心为民"锦旗。

↑2013年以来，枣阳市检察院共开展警示教育法制课79场次，预防咨询256人次，并出台《枣阳市人民检察院职务犯罪预防告诫实施办法》和《枣阳市人民检察院职务犯罪预防预警实施办法》，不断提升预防业务的专业化和规范化水平。

↑开通"未成年人绿色通道"，创新青少年维权岗，对未成年人逮捕、不诉案件进行听证，确保最大限度地保护未成年犯罪嫌疑人的合法权益。

枣阳市人民检察院

↑2014年以来，枣阳市检察院全面实施青年干警成长工程，举办枣检夜校、文馨枣检、模拟法庭、模拟审讯等活动，力争实现青年干警提笔能写、开口能讲、问策能对、遇事能干、交案能办的"五能"目标。

↑2014年，枣阳市检察院深入学校、社区、汉城广场等，广泛开展法制宣传教育8次，现场解答法律问题40余个，为群众提供便民宣传资料600多份。

云南省嵩明县人民检察院

抓好三大考核 打造十张名片
全面提升检察工作品质

↑开展"成长与法同行"校园巡回法制宣讲活动

↑青年检察官进行业务交流

↑团结务实的领导班子

↑贾永强检察长到嵩明县国税局作"畏法度者最快乐"预防职务犯罪法制讲座

近年来，云南省嵩明县检察院厘清检察工作发展的目标、理念和路径，全力打造检察品牌，提升工作品质，各项工作取得显著成绩，先后荣获云南省先进基层检察院、省级青年文明号、云南省检察机关文明接待室等荣誉称号。

发展目标清。将争创"全国先进基层检察院"和"全国文明单位"作为硬目标，将培养法律职业、团队合作两种精神，树立廉洁、创新、精品、宣传四种意识作为软目标，做到目标清。

发展理念新。将"崇法尚德，公正惟民，宽广博大，谦抑平和"16字院训作为价值导向和精神指南，做到理念新。

发展路径明。提出"抓好上级业务、县级目标和本院绩效三大考核，打造案件管理、未成年人刑事检察、刑事被害人救助、刑事和解、刑事执行检察、乡镇检察室、预防职务犯罪、服务民营经济和园区经济、青年检察官培养、管理科学化信息化十张名片，全面提升检察工作品质，为经济社会发展作出新贡献"的发展思路，做到路径明。

目前，"十张名片"打造成效显著。创造性地将行贿犯罪档案查询交由案件管理办公室负责，做到随到随查。成立未成年人案件检察室，实行"捕诉监防"一体化办案模式；开展"成长与法同行"校园巡回法制宣讲活动，深受欢迎。形成以发放救助金为主，以协调办理低保、社保，联动社会力量帮助为辅的刑事被害人救助体系。在所有镇（街道）设立检察联络站、接待窗口和信箱，开展"检察赶街"活动。实施青年检察官政治素养、业务素能、综合素质、服务大局、群众工作和理论创新"六大能力"提升工程，促进检察队伍专业化、职业化水平。

↑检察下乡

↑举行首个"检察开放日"活动

庭审讯问方法与技巧

李雪梅[*]

庭审讯问工作是公诉工作的重要环节。除了吃透、吃准案情，拟定有针对性的讯问提纲，充分准备外，还要讲究讯问方法和技巧。笔者结合办案实际，对庭审中所需要的不同讯问技巧作一梳理。

一、根据不同案件类型讯问不同的关键要素

讯问的目的是要解决罪与非罪、此罪与彼罪的问题，而并非所有的要素都是讯问的关键要素，具体要看不同的犯罪类型。

比如身份犯，是以特殊身份作为犯罪主体要件的犯罪，如贪污罪、受贿罪、刑讯逼供罪、挪用公款罪、渎职罪等，主体的身份、职责，利用职务实现犯罪的客观行为，挪用公款的用途，是这类犯罪讯问的关键要素；又如，窝藏、包庇罪，窝藏、转移、收购、销售赃物罪，强奸（幼女）罪等犯罪，其讯问的关键要素为犯罪嫌疑人主观上是否有"明知"的认识；交通肇事、重大飞行事故等犯罪，其讯问的关键要素为犯罪嫌疑人客观上是否具有违反相关法规、规章等情形。虽然这类构成要件，在后面的举证阶段公诉人仍会出示相关证据，但是对于主观上要求有"明知"等主观心态构成要件的犯罪，被告人的口供是第一手资料，必须针对这些口供向被告人重点发问。

有些案件，罪名易混淆，究竟是此罪还是彼罪，难以认定。对这类案件，应把影响定性的情节作为重点内容进行发问，查清具体细节后，公诉的罪名、犯罪性质才能被法庭认可。比如，区分（间接）故意杀人罪，还是故意伤害（致人死亡）罪，对行为人实施犯罪时的主观心态应重点发问。又如，在陈某因纠纷与他人斗殴，遂拔刀将人捅死一案中，公诉人是这样发问的：

问：你为什么用刀捅人？

答：他用拳头打我，我气不过。

问：你身上为什么带有刀？

答：带刀防身。

问：你捅了被害人什么部位？

答：不知道，乱捅。

问：刀子是易致命的工具，你知道用刀乱捅会将被害人捅死吗？

答：知道。

问：难道你不怕把人捅死吗？

答：我当时也管不了那么多了。

问到此，陈某因一时气愤，不计后果，不顾他人死活的主观心态已经清楚明朗，据此，即可以认定陈某构成故意杀人罪，而不是故意伤害罪。

＊作者单位：北京市房山区人民检察院。

二、根据被告人心理状态和表现采取不同讯问方法

1. 对于认罪态度较好、对指控的犯罪事实无异议的被告人，采取直接讯问的方法，即由公诉人直接提出问题，让被告人回答。引导被告人在较短的时间内把犯罪事实交代清楚，可以缩短庭审时间，提高庭审效率。例如，"你随身携带什么物品？""你是如何对被害人讲的？""你是否持刀顶在被害人的腰部？"用这种方法讯问，一句提问应只包含一个问题，让被告人把思路集中在所提的问题上，以免造成被告人不知所措，无所适从。

2. 对那些自感罪行严重想交代又怕受到较重处罚，存有侥幸过关心理的，采取步步紧逼的递进讯问法，环环紧扣，不给其喘息的机会。对于供述反复不定的被告人，要善于抓住其供述中的矛盾追问，使其难以自圆其说，不得不如实交代。

3. 有的被告人采取"死不开口"、"死不认账"方式进行抵抗，甚至还与办案人员"对着干"，要办案人员拿出他的犯罪证据，对此宜采取迂回讯问法，从外围和一些不起眼的枝节问题、次要问题展开，将讯问对象引入自相矛盾、毫无退路的境地。如一起聚众斗殴案件中，一名被告人辩称自己喝了酒，不记得当时的现场情况，没看见谁打了，只记得自己到了现场没下车、没参与斗殴，而且对事后送被害人去医院的情节也供述得非常清楚。针对此种情况，公诉人当庭指出："你说喝了酒，为什么对你有利的事，没参与打架，送被害人去医院都记得清楚，对你没利的事，看没看见别人怎么打的都记不清楚了？你怎么一会清楚、一会儿明白？"王某慌了手脚，不能自圆其说，只有坦白交代了。

不论采取何种讯问方法，庭审中公诉人都要善于及时捕捉被告人在回答问题过程中瞬间或阶段的心理变化，灵活调整讯问方式，以在有限的时间内驳倒被告人，始终掌握庭审主动权。

三、根据共同犯罪各被告人所起的作用实施不同讯问策略

在共同犯罪案件中，优先选择主犯进行讯问；不分主、从犯的，优先选择认罪态度好，想达到自首、立功情节的被告人进行发问，使法庭对案情、各被告人在犯罪中的地位和作用有初步认识，同时对其他被告人的供述起到印证效果。

对多名被告人之间互相推诿的案件可打破常规，先讯问认罪态度不好的被告人，通过被告人之间的不同供述来否认其中一人的虚假辩解，然后结合其他证据证实犯罪事实。如在陈某等三人消防责任事故案中，陈某能如实供述，另两名被告人孙某、范某对相关事实互相推诿。公诉人先讯问孙某，当孙某极力辩解自己不参与管理，而是由陈某、范某管理时，再接着向陈、范二人发问，果不其然，陈某、范某面对孙某的推卸责任，断然否认孙某的不实之词，并详细供述孙某参与管理的情况，取得了很好的效果。

共同犯罪案件中，常会出现被告人翻供、推诿责任现象，可采取面对面的讯问方式，让认罪态度好的同案犯当庭质证予以确认。如在姚某等六人聚众斗殴、故意杀人案中，对于案发时各被告人的犯罪行为，六人均采取了避重就轻的供述，都有翻供的可能。鉴于此，公诉人首先对该案的主犯姚某进行了讯问，因为姚某对自己在聚众斗殴过程中将他人捅死的事实是认可的，只是辩解当时是在醉酒状态下实施的行为，由于其已认识到自己罪行的严重性，

所以对其所知的其他同案犯的行为进行了如实供述。后公诉人又将具有自首情节的一名同案犯进行了讯问，因其具备自首情节，也对所知的其他同案犯的行为进行了如实供述。两名被告人的口供，为成功讯问其他被告人打下了坚实的基础。

四、庭审中拒不供认和翻供的讯问技巧

庭审中拒不供认和翻供是公诉人最常遇到的比较头疼的问题。对于事实复杂、疑难，被告人当庭不认罪的案件，公诉人不能简单训斥被告人认罪态度不好，而应耐心听取被告人是怎样翻供的以及翻供的理由，在其翻供中找漏洞、抓矛盾，适时宣读其以前的供述或出示有关证据，驳回伪证。

（一）被告人拒绝回答时的讯问技巧

被告人拒绝回答公诉人的某一问题时，不应紧接着进行下一轮发问，而应提请法庭注意该提问与案件的哪些事实有关，被告人在其中所起的作用是什么，进而阐明被告人之所以不愿回答，其用意是回避本人参与的事实和在其中起的作用，从而引导合议庭形成客观、公正的内心确信。如果该问题原先被告人做过供述，可以就供述的内容扼要予以说明，并说明公诉人在之后的法庭质证中将宣读相关供述笔录，随后再转入下一个问题的发问。

对于用沉默抗拒讯问的被告人，公诉人应当告之其沉默等于放弃自我辩护的权利，讲清我国法律没有规定被告人享有沉默权，使其明白没有被告人供述，证据确实、充分，照样可以认定其有罪并处以刑罚，促使其主动交代。

（二）被告人当庭翻供或时翻时供时的讯问技巧

被告人在庭上推翻以往供述时，公诉人要善于控制自己的情绪，采取有效策略，当庭慑

服被告人。有自首情节的被告人当庭翻供，可能影响定罪量刑的，可采取晓以利害法。公诉人应当宣读被告人的原始供述笔录，并对笔录中被告人的供述内容有针对性地进行讯问，阐述构成自首条件的法律规定，并提出有其他证据证明，足以认定被告人有罪。如被告人周某挪用公款案，周某改变原有供述将挪用公款给吴某使用的行为说成是为单位利益而实施，企图进行无罪辩解。公诉人首先宣读周某在检察机关所作的供述，揭露其当庭辩解的虚伪性；在对周某郑重强调认定自首的条件之一是如实供述，当庭翻供将导致自首情节不能认定的法律后果后，再次讯问其辩解的情节是否存在，被告人低头不语；公诉人接着提请法庭注意，有证人吴某的证言证实周某是以个人名义出借公款，从而成功地遏制了被告人翻供，使其无罪辩解意图落空。

针对被告人无端指责侦查机关有逼、诱供等违法行为，借此达到翻供目的的，公诉人应首先阐明检察机关的监督职能和侦查活动的合法，再以翻供不成立及串供或伪证予以事实上、证据上的阐述和分析，最后还要指出捏造事实应负的法律责任。

被告人时翻时供，供述极不稳定时，公诉人可采取对比分析法。通过对被告人历次供述内容的对比，找出其中的同异进行分析论证，以揭示当庭供述的不合理。如在倪某贪污受贿案中，被告人翻供、证人（被告人丈夫）翻证、行贿人庭上变证，公诉人机智应对，将被告人及其丈夫先后四次不同的说法排列成表，当庭出示，使被告人供述之间的矛盾昭然若揭。

（三）被告人当庭狡辩时的讯问技巧

庭审中，有的被告人不但不认罪，而且当

庭作出种种狡辩，由于被告人的狡辩会混淆视听，影响庭审效果，对此，公诉人不应只是一概记录下来，要酌情进行反驳。

在一起故意伤害案的庭审中，被告人拒不认罪，还引用力学理论进行辩解："根据牛顿第三定律，我打那位妇女的作用，和她给我的反作用力，大小相等，方向相反，正负抵消，我何罪之有？"被告人的这种辩解虽然荒谬，但貌似合理，不及时反驳会增长被告人的嚣张气焰。公诉人立即驳斥道："被告人，你别忘了力有三要素：大小、方向、作用点。你用拳头打她头部的作用力造成了伤害，而她头部给你拳头的反作用力，没有造成伤害，所以，无论从力学的角度，还是法律角度，你的行为都构成故意伤害罪！"公诉人的这种及时回应，展示了公诉人良好的心理素质和丰富的学识，取得了良好的庭审效果。

需要注意的是，除了掌握上述庭审讯问的一般方法和技巧外，公诉人在庭审讯问过程中应避免诱导性发问，严防指供诱供情形的出现。同时，对于辩护人诱供或作不当发问的，应果断制止，提出反对，及时消除可能带来的不良影响。

检察法律文书制作及使用中存在的问题

吴兴军　刘　青*

检察机关的法律文书是检察机关履行法律职能时依法制作的具有法律效力的文书，它不仅是各级人民检察院行使检察权的重要文字凭证，也是核查案件的重要依据，它的质量在一定程度上直接反映了检察院的工作水平，其重要性不言而喻。近期，笔者通过查阅河南省焦作市两级检察院法律文书共 1200 余份，组织各业务部门负责人及内勤进行座谈等方式，对当前检察法律文书的制作及使用情况进行了专题调研。经调查发现，多数法律文书的制作和使用比较规范，但也有部分法律文书存在使用不规范、设计缺陷以及不齐全的问题，亟需结合修改后的刑事诉讼法和民事诉讼法作进一步改进和完善。

一、部分检察法律文书使用不规范

（一）用印不统一

检察法律文书作为检察机关的正式公文，要体现检察司法的严肃性和规范性。因上级检察机关对骑缝章没有统一的规定，基层检察机关的法律文书在使用时存在较大差异，有以下几种情况：（1）骑缝上既无文号，也无公章；（2）骑缝上盖院章；（3）骑缝上盖办公室章；（4）有骑缝章的院之间也有较大差别，形状各异，有椭圆形、长条形等，长条形的骑缝章的长度

和宽度也有较大差别。

（二）说理不充分

对于不予受理决定、不予立案决定、不提请抗诉决定以及检察建议、纠正违法通知书等需要释法说理的法律文书，或者缺乏必要的说理，或者说理缺乏针对性和逻辑性。如有的《检察建议书》正文部分只有 60 余字，建议内容过于笼统、模糊，没有进行个案分析，缺乏可操作性，不能取得检察建议应有的效果。

（三）用语不严谨

一是部分检察法律文书未使用法言法语，存在书面用语口语化、标准称谓惯称化、叙述语言感情化等问题。如在叙述案件事实时，使用"胆大妄为"、"贪婪"、"卑鄙"等带有较浓感情色彩的词语，并且有些在内容叙述上详略不当。二是在制作填充式检察法律文书时，不能正确区分阿拉伯数字与汉字的使用场合。有的文书用阿拉伯数字代替汉字来表述法律条文；有的文书在骑缝上的编号用阿拉伯数字；有的文书存在错号、重号以及正本、副本和存根的编号不一致等问题。

（四）审查不严格

一是乱发检察建议。由于检察建议是年终考评的加分项目，有的院为了增加检察建议的数量，针对同一被建议对象或就相同的问题重

---

* 作者单位分别为：河南省焦作市人民检察院；河南省修武县人民检察院。

复发内容相同的检察建议，最多达8份之多，而这8份检察建议的区别仅是文号及涉案人姓名不同。二是《再审检察建议》制作混乱。民行部门制作的再审检察建议在内容及格式上不尽统一，且《再审检察建议》与其他检察建议书在名称和文号上没有明显区别。

（五）使用不规范

《立案决定书》的填写标准是一案一书、一案一号，但个别检察院在办理共同犯罪案件时存在一案多份立案决定书、多个立案号的情况。

二、部分制式检察法律文书在设计上存在缺陷

（一）预留填写空间过小

一是《立案决定书》中犯罪嫌疑人姓名栏的预留空间过小，对共同犯罪案件犯罪嫌疑人的姓名无法按要求全部填写，实践中只能填写"×××等"，或者分别填写多份《立案决定书》。二是《传唤通知书》中犯罪嫌疑人居住地点栏的预留空间过小，不能满足填写需要。三是《批准逮捕决定书》中涉嫌罪名栏预留空间过小，涉嫌罪名长的或涉嫌多个罪名时填写空间不足；同时，犯罪嫌疑人姓名栏重复出现两次。四是《补充侦查决定书》中"经本院审查认为"后的预留空间过小，不能满足大多数案件的填写需要。五是《换押证》中涉嫌罪名栏的预留空间过小，实践中经常遇到涉嫌多个罪名或者罪名较长而无法填写的情况；同时，《换押证》由于没有对换押起止时间的格式设计，实践中往往由承办人随意手写。

（二）填写的栏目或内容需要完善

一是《询问通知书》没有设计关于被询问人到达和离开时间的栏目，实践中均由办案人员随意手写。二是《提起公诉案件证人名单》中"通信地址或者工作单位地址"栏应改为"通信地址或联系方式"，以方便通知证人出庭。三是《犯罪嫌疑人诉讼权利和义务告知书》的内容表述过于专业化，且篇幅较长；侦监部门和公诉部门使用的《犯罪嫌疑人诉讼权利和义务告知书》应当统一，制作成一种制式法律文书；《委托辩护人告知书》与《犯罪嫌疑人诉讼权利和义务告知书》的内容重复，《委托辩护人告知书》可以取消。四是《受理审查起诉案件登记表》的"赃、证物"栏没有存在必要，因为案件受理有专门的《物证清单》。五是所有需要送达的法律文书都应当设计被送达人签字栏，或者设计回执联。如《拘留通知书》需要送达犯罪嫌疑人家属或所属单位，但该文书上没有设计家属或所属单位签字栏，也无回执联，无法直接反映文书的送达情况。

（三）个别检察法律文书入卷难

随着案件风险评估工作的逐步深入，要求所有案件填写《案件风险评估表》，并作为案卷评查的一项重要标准。但由于各种案卷的装订有固定顺序，没有为该表预留位置，无法入卷，导致案件风险评估工作处于尴尬境地。

三、现有制式检察法律文书不齐全

（一）自侦文书

一是提前介入相关案件调查时，缺乏制式检察法律文书的支持，承办人只能用《介绍信》介入调查，使这一阶段检察人员的身份和职责比较模糊。二是《补充立案决定书》的适用范围为"共同犯罪"案件，只能适用于故意犯罪，而渎职侵权犯罪多为过失犯罪，对于一案多人的该类案件，《补充立案决定书》不能适用。三是《扣押决定书》对犯罪嫌疑人主动上交的财物和侦查部门强制扣押的财物都适用，体现不出二者的差别和犯罪嫌疑人主动上交财物的

意义。四是《协助查询存款、汇款通知书》只适用查询单位存款、汇款的情况，需要查询个人存款、汇款情况时，没有相应的制式法律文书。五是《指定管辖决定书》只适用于对立案后案件的指定管辖，在立案之前有必要指定下级检察院立案管辖的案件则没有相应的制式法律文书，实践中用红头文件形式指定，不利于案件线索的保密。六是拘留或逮捕政协委员时没有通知政协用的制式法律文书，实践中一般用红头文件通报政协，而红头文件在审批、印制过程中容易出现泄密等问题。七是自侦部门使用的《延长拘留期限审批表》无统一的文书，各个检察院在制作时随意性较大。

（二）侦监文书

侦监部门在通知侦查机关追捕漏犯以及监督侦查机关撤案时，没有相应的法律文书，实践中办案人员往往根据经验自行制作《应当提请逮捕犯罪嫌疑人意见书》和《撤销案件通知书》来解决，内容及格式的随意性较大。

（三）公诉文书

对于延期审理的案件只有《延期审理建议书》，没有建议法庭恢复审理的相应法律文书。

（四）控申文书

控申部门在书面答复信访人时没有相应的法律文书格式和制作标准。如被害人要求立案监督，审核后认为不应当立案，但是没有相应法律文书答复信访人。

（五）民行文书

民行部门的多项工作职能都没有相应的制式法律文书，直接影响工作的顺利开展和实效。如对法院的民事调解和行政赔偿调解监督，对国有资产受损的单位督促起诉，对弱势群体支持起诉等，都没有相应的法律文书。

综上，修改后的刑事诉讼法和民事诉讼法实施以来，检察机关使用的大量法律文书面临调整和修改，部分法律文书引用的法律条文、格式需要作相应的调整，同时需要制作一部分新的法律文书以满足修改后的刑事诉讼法和民事诉讼法对检察工作的新要求。只有检察法律文书的制作及使用更加规范，才能更好地体现检察人员的业务素质，方便检察工作，树立检察机关的良好司法形象。同时，检察法律文书的制作及使用更加规范，也是强化法律监督、维护公平正义的现实需要，是提高检察工作公信力和权威性、推进依法治国进程的必然要求。

未成年人犯罪记录封存制度的完善

孙敏英　张宏波　伍淑平[*]

刑事诉讼法第二百七十五条规定了未成年人犯罪记录封存的适用条件，立法者选择了既能保障未成年犯罪人人权，又能兼顾社会公共利益的犯罪记录（前科）封存制度，作为现阶段未成年人司法保护措施。笔者结合在基层检察院从事未成年人刑事检察工作的经验，对我国未成年人犯罪记录封存制度进行了思考，分析其存在的问题并对制度的完善措施提出相应建议。

一、我国未成年人犯罪记录封存制度存在的问题

（一）启动模式的单一性

最高人民法院《关于适用〈中华人民共和国刑事诉讼法〉的解释》第四百九十条规定："犯罪时不满十八周岁，被判处五年有期徒刑以下刑罚以及免除刑事处罚的未成年人的犯罪记录，应当封存。"《人民检察院刑事诉讼规则（试行）》（以下简称《刑事诉讼规则》）第五百零七条规定："人民检察院对未成年犯罪嫌疑人作出不起诉决定后，应当对相关记录予以封存。"由此可见，我国未成年人犯罪记录封存制度采取的是依职权启动模式，即人民法院在作出判决、人民检察院在作出不起诉决定时，同时依法作出犯罪记录封存决定书，交给内部机构和有关单位执行。没有赋予被告人及有关单位对犯罪记录的

封存请求权。

（二）查询条件的宽泛性

虽然刑事诉讼法只规定了两种例外情形下可以查询已封存的犯罪记录，但由于规定过于笼统，很容易被滥用，导致犯罪记录封存制度形同虚设。

1. 司法机关办案需要。对于"司法机关"的范围，按照狭义理解，我国的司法机关只包括人民检察院、人民法院，但实践中，公安机关行使很多刑事案件的侦查权，履行部分司法职能。"办案需要"不言自明，以上机关在办理三大类诉讼案件（民事案件、刑事案件、行政案件）过程中都可以办案需要为名，查询已封存的犯罪记录。是否以上机关基于办理三类诉讼案件都可以查阅已封存的犯罪记录？针对这一疑问，现有法律未给予明确规定，自然可能导致查询范围的扩大化。国家有必要出台相应的司法解释加以明确。

2. 有关单位根据国家规定进行查询。这一查询的例外，给查询权的扩张以更大的解释空间。无论是对有关单位的界定还是对国家规定的判断，在此都有不当扩大的风险。根据我国公务员法、检察官法、法官法、律师法、教师法、拍卖法、会计法、注册会计师法、公司法、执业医师法等法律的规定，有犯罪前科的人员

＊作者单位：天津市东丽区人民检察院。

不得或在一定期限内不得从事以下职业：公务员、检察官、法官、律师、教师、拍卖师、会计师、注册会计师、公司的董事、监事和经理、执行医师。[①] 如果这些单位都可以根据这一规定查询已封存的犯罪记录，势必导致在就业过程中产生不必要的歧视，就算依据刑法规定应免除未成年人前科（轻罪）报告义务，有关单位仍可以查询到其犯罪记录，这样既不利于失足未成年人重新回归社会，又会导致犯罪记录封存制度与免除前科报告义务的设置目的落空。因而，对于有关单位根据国家规定进行查询必须加以明确和限定。

（三）对封存对象的规定存在不足

刑事诉讼法规定，对判处五年有期徒刑以下刑罚的未成年人，应当对相关犯罪记录予以封存。从字面上看仅仅是包括了五年以下有期徒刑、管制、拘役三种情形，但是举重以明轻，对未成年人实施的少年管教、不起诉、附条件不起诉以及单处罚金、免予刑事处罚等情形应当然适用或者参照执行。虽然从法条字面上看对上述情况并未作出明确规定，但如果不适用，则对这一部分人身危险性相对较轻的未成年人反而造成了法律保护上的空白，不利于其合法权益的保护，也不符合犯罪记录封存制度的实质内涵。《刑事诉讼规则》第五百零七条规定，人民检察院对未成年犯罪嫌疑人作出不起诉决定后，应当对相关记录予以封存。可见，笔者的主张在最高人民检察院的司法解释中已经得到了印证。

（四）未明确专门的封存机关

刑事诉讼法及司法解释规定了公安机关、人民检察院、人民法院均应对符合条件的未成年人犯罪记录予以封存，但是并未详细规定由哪个单位予以监督负责。学界中，有人认为应由公、检、法三机关各自进行封存，也有人认为应由专门的机关进行。在实践中，也没有明确犯罪记录封存的细则，仅在《刑事诉讼规则》中规定了检察院要建立专门的未成年人犯罪档案库予以严格保管。

二、完善未成年人犯罪记录封存制度的建议

（一）启动模式的双轨化

很多国家都赋予未成年被告人及其监护人对犯罪记录的封存请求权。笔者认为，我国也应在一定条件下赋予相关主体启动犯罪记录封存的申请权。第一，法院与检察院依职权启动具有滞后性，大多数案件的封存，须等到法院的判决或检察院的不起诉决定书作出后才启动，这样很可能在法院判决或检察院不起诉决定作出前，犯罪嫌疑人的犯罪记录已经被多数社会成员所熟知，李天一案就是典型。第二，相关主体尤其是犯罪嫌疑人（被告人）是犯罪记录存在的最大利益相关者，其有权在检察院或法院作出相关决定前，要求对已经产生的犯罪记录加以即时封存，这样在互联网迅速发展的当下，才有可能避免在案件审理过程中被"人肉"。第三，符合国际上的通行做法。无论是德国、法国，还是韩国，其法律都赋予利益相关主体申请封存（或销毁）犯罪记录的权利，我国法律也应当作出调整，赋予当事人这一诉讼权利。

（二）明确例外查询条件，限制查询权滥用

1. 司法机关办案需要。这里的"案件"应当限定为刑事案件。无论是检察院提起公诉还是法院作出判决，都必须做到案件事实清楚，

---

① 刘清生：《规范与事实之间的冲突与弥合：未成年人犯罪记录封存制度的未来走向》，载《中国刑事法杂志》2012年第6期。

针对未成年人参与共同犯罪、实施的数个犯罪要查明案件事实，都不可避免对未成年人已经封存的犯罪记录加以查阅，在这种条件下查询是合理合法的。至于民事案件（不含刑事附带民事诉讼）与行政案件，由于很少会涉及查阅未成年人已经实施的相关犯罪，有必要限制办理此类案件时对犯罪记录进行查询。

2. 有关单位根据国家规定进行查询。这里"单位"的外延须限定为国家对从业人员素质要求比较高的国家机关、人民团体等。因为这类人员代表国家执行公务，有必要选取德才兼备的人担当。对于"国家规定"，应作出狭义理解，从保护未成年人利益的实际出发，可以解释为全国人大及其常委会制定的法律、决定以及国务院制定的行政法规，应排除国务院各部委制定的部门规章、办法等。① 部委规章虽然在全国范围内适用，但规定的内容往往限于某一具体领域，容易成为某些企业和公司进行查询的法律依据。因此，对于部委规章应当排除在查询的依据之外。

（三）确定专门的犯罪记录封存执行机关

笔者认为，有义务进行前科封存的公、检、法机关应设立统一的未成年人前科档案库，对符合封存条件的未成年人犯罪案件的卷宗材料进行统一编号管理，并指定专人负责，制定具体有效的管理办法，明确管理人员的职责义务。在封存过程中，公、检、法应形成分工合作，在各自的环节妥善完成前科档案的封存工作，并由检察机关监督。检察机关作为法律监督机关，既具有宪法赋予的监督职能，又拥有丰富的监督手段保障执行，由检察机关监督有利于前科封存的贯彻落实，以维护未成年人合法权益。

---

① 魏再金、田萍：《以检察工作为视角对未成年人犯罪记录封存制度的理解》，载《湖北科技学院学报》2013 年第 1 期。

完善审查逮捕工作的几点思考

张俊杰*

一、充分发挥羁押必要性审查的作用

（一）建立羁押必要性审查机制

逮捕是依法剥夺犯罪嫌疑人、被告人自由，羁押在一定场所的强制措施，应慎之又慎。有证据证明有犯罪事实，是逮捕的前提条件和事实基础；可能判处徒刑以上刑罚，是逮捕的刑罚条件；采取取保候审尚不足以防止发生社会危险性的，是逮捕的社会危险性条件。对于上述三个条件，要做到准确理解，整体把握，严格适用。既要对公安机关报送的案件证据材料进行审查，也要对犯罪嫌疑人依法进行讯问，听取犯罪嫌疑人的申辩及其委托律师的意见。在确定犯罪嫌疑人具备逮捕疑罪条件和可能判处刑罚条件的情况下，还要注意从五个方面进行逮捕必要性审查：可能实施新的犯罪的；有危害国家安全、公共安全或者社会秩序的现实危险的；可能毁灭、伪造证据，干扰证人作证或者串供的；可能对被害人、举报人、控告人实施打击报复的；企图自杀或者逃跑的。不符合上述五种情形，不能认为犯罪嫌疑人具有"社会危害性"。要求侦查机关提请逮捕时，不仅要提供犯罪事实的证据，而且要提供证明逮捕必要性的证据，如果据以逮捕的证据发生变化，应建议释放或者变更强制措施。

在犯罪嫌疑人、被告人被捕后，仍应对羁押必要性予以审查。其一，审查判断被逮捕人是否依然具有刑事诉讼法规定的社会危险性，是否具有变更为其他强制措施的情形；其二，从程序上判断据以逮捕的证据有无变化，若证据发生变化，则适用强制措施的情形也有可能发生变化。捕后羁押必要性审查是审查逮捕工作的延伸，在适用逮捕措施时，既要捕前审查，也要捕后审查，因此羁押必要性的审查标准与审查逮捕标准应是一致的。审查的目的在于最大限度地保护犯罪嫌疑人、被告人合法权益，减少不必要羁押，同时可以减轻看守所压力，对改变"以捕代侦"现象，促使侦查机关加快办案进程，改变侦查模式都具有重大的推动作用。

逮捕以后，随着侦查的进展，案情的变化，原决定或批准逮捕所依据的事实、证据条件、刑罚条件、社会危险性条件都可能发生变化，进而影响到羁押的必要性。如审查批准逮捕时据以证明有犯罪事实的重要证据，随着侦查工作的深入，被新的证据否定；立案时认定的犯罪数额，经过进一步调查核实，大为缩小，影响到对可能判处刑罚的预期；实施新的犯罪、干扰证人作证或者串供的可能性已被排除的，等等。这就要求根据新的情况对羁押必要性重新进行审视，进一步完善羁押必要性审查措施，建立逮捕必要性审查长效机制。对不符合羁押标准的依法提出予以释放或变更强制措施建议，

＊作者单位：河北省邯郸市复兴区人民检察院。

防止超期羁押和捕后不必要羁押；对符合取保候审或者监视居住条件的，依法予以变更措施；严格把握逮捕条件，对于无羁押必要性的案件，坚决予以纠正，确保客观公正。

（二）增强防范意识，提高羁押必要性审查主动性

长期以来，审查逮捕部门存在"构罪即捕"现象，原因之一是将逮捕理由与逮捕理由的事实及犯罪事实混为一谈，简单地将犯罪事实等同于逮捕理由的事实，进而又把逮捕理由的事实等同于逮捕理由，实践中缺乏逮捕必要性证明机制，只要行为人构成犯罪，即有社会危险性，就有逮捕必要。羁押理由本质上属于主观范畴，对于犯罪嫌疑人、被告人实施新的犯罪，毁灭、伪造、隐匿证据，干扰作证，对被害人、举报人、控告人实施打击报复，自杀、逃跑等都只是一种"可能性"的判断。这种主观判断必须建立在一定的有社会危险性的客观事实基础上，并足以认定其可能有妨碍刑事诉讼的情形存在。应当明确由公安机关、检察机关承担羁押必要性的证明责任，使羁押必要性标准实至名归。在羁押必要性审查标准的把握上，必须注意将羁押理由和存在羁押理由的事实、涉嫌犯罪的事实和存在羁押理由的事实加以区分。

以往捕后"一押到底"情况成为常态，羁押期限往往等同于办案期限。修改后的刑事诉讼法完善了逮捕审查和执行程序，增设了捕后羁押必要性审查，明确了检察机关投诉处理权，增加了检察机关对指定居所监视居住等进行监督的职责，给侦查监督工作带来了机遇和挑战。（1）明确审查对象。羁押必要性审查的对象一般应为轻微刑事案件犯罪嫌疑人，涉嫌严重罪行的犯罪嫌疑人符合法定不予羁押条件的，也

应进行审查。（2）严格限制使用逮捕措施。对于未成年犯罪嫌疑人，原则上不宜使用逮捕措施，可捕可不捕的不捕。审查逮捕时应当讯问未成年犯罪嫌疑人，听取辩护律师的意见，在讯问时要有合适成年人在场。合适成年人一般是指未成年犯罪嫌疑人的法定代理人，也可以是其他成年亲属，所在学校、单位、居住地基层组织或者未成年人保护组织的代表。（3）探索建立对未成年犯罪嫌疑人的社会调查制度。在办理审查逮捕案件时，可以通过自行调查、委托未成年犯罪嫌疑人所在学校或社区调查等形式，对未成年犯罪嫌疑人的成长经历、犯罪原因、监护教育等情况进行调查，作为是否批准逮捕的考量依据。（4）规范审查程序。在犯罪嫌疑人逮捕后至移送审查起诉之前，认为需要启动羁押必要性审查程序的，由侦查监督部门案件承办人提出，部门负责人审查后报领导决定。（5）加强监督制约。在内部监督方面，案件管理部门、侦查监督部门等应当定期对捕后羁押必要性审查过程进行监督；在外部监督方面，应自觉接受公安机关、人民法院等有关单位的监督。（6）强化对非羁押诉讼案件的跟踪调查，避免在侦查环节未被羁押的犯罪嫌疑人在其他环节被不当羁押。

二、加强运用非法证据排除的能力

（一）建立非法证据排除机制

修改后的刑事诉讼法第四十八条对审查逮捕的证据条件作出了新的补充和规定，即可以证明案件事实的材料，都是证据。证据必须经过查证属实，才能作为定案的根据。将原"证明案件真实情况的一切事实"修改为"可以用于证明案件事实的材料"，重新定义了"证据"的概念，改"事实说"为"材料说"。刑事诉

讼法第五十条规定："审判人员、检察人员、侦查人员必须依照法定程序，收集能够证实犯罪嫌疑人、被告人有罪或者无罪、犯罪情节轻重的各种证据。严禁刑讯逼供和以威胁、引诱、欺骗以及其他非法方法收集证据，不得强迫任何人证实自己有罪。"在审查证据中必须查明：（1）收集证据必须依照法定程序。收集证据是办理刑事案件的重要环节，既涉及能否准确、全面地查明案情，也涉及对当事人诉讼权利的保护。（2）收集的必须是能够证实犯罪嫌疑人、被告人有罪或者无罪、犯罪情节轻重的各种证据。收集证据必须客观、全面，不能只收集某一方面的证据。（3）严禁以非法方法收集证据。以刑讯逼供、威胁、引诱、欺骗的方式取得犯罪嫌疑人、被告人供述，不能作为定案根据，否则极易造成错案。（4）不得强迫任何人证实自己有罪。犯罪嫌疑人、被告人在诉讼中说还是不说，说什么或者承认什么，都必须以自我真实意愿为前提，不能采用强制方式让其供述自己有罪。

（二）强化证据意识，提高排除非法证据的主动性

被排除的非法言词证据，不得作为报请逮捕、批准或者决定逮捕、移送审查起诉以及提起公诉的依据。关于物证、书证，经侦查机关补正或者能够作出合理解释的，可以作为批准或者决定逮捕、提起公诉的依据；不能补正或者无法作出合理解释的，对该证据应当予以排除。

在司法实践中，只有证据存在合法性疑问，才需要侦查人员出庭作证。应做到：（1）围绕证据合法性的标准，认真履行刑事诉讼法规定的告知、听取意见等义务，全面客观收集证据，通过书面审查、讯问被告人等各种可能的方式

及时发现证据存在的非法性信息，建立非法证据发现机制，引导侦查人员对证据合法性予以说明和补正，确保办案质量。（2）认真调查核实非法证据疑点，引导侦查人员对证据合法性予以说明或补正，建立非法证据调查机制，全面审查证据的合法性问题；探索引入听证等方式，就证据合法性问题与律师进行深入沟通，建立非法证据排除的控辩交流机制。（3）对不符合法定程序收集的物证、书证，不能补正或作出合理解释的，以及采取非法方法收集的言词证据，建立非法证据认定排除机制，坚决予以排除。一是及时进行权利告知。依法及时告知犯罪嫌疑人，可在侦查机关移送审查逮捕后至审查起诉前，对非法证据排除提出申请，同时提供证明非法取证存在的有关线索。二是强化证据合法性的调查。侦查监督人员通过主动审查或经过犯罪嫌疑人申请及其他人员举报，对提请批准逮捕证据的合法性有疑问的，应当对其进行调查。必要时，可建议渎职侵权检察部门介入调查。三是对非法证据及瑕疵证据进行严格区别与处理。经过对证据合法性的调查，发现系采用刑讯逼供等非法方法收集的犯罪嫌疑人供述和采用暴力、威胁等非法方法收集的证人证言、被害人陈述，一律予以排除。对于收集物证、书证不符合法定程序，可能严重影响司法公正的，应当通知侦查机关予以补正或者作出合理解释；不能补正或者作出合理解释的，对该证据应当予以排除。

三、切实承担起对立案和侦查活动的监督职责

对立案和侦查活动的监督是全面的监督，贯穿从立案到侦查终结的全过程。从工作机制来看，审查逮捕通过审查案件、移送线索、开

展调查、立案侦查等活动相互配合、有效联动，对侦查机关形成大的侦查活动监督格局。但是实际运行过程中，刑事诉讼法赋予检察机关的侦查监督权主要起司法救济作用，事前监督很少，加上侦查活动面广、线长、隐蔽、机动，侦查监督部门对多种侦查手段的运用和实施难以做到全面监督。侦查权具有天然的扩张性，容易脱离程序的束缚，产生自我授权的乱作为或者怠于履职的不作为现象。因此，加强立案监督、纠正违法侦查活动是检察官恪守客观、公正义务的重要职责。

在审查逮捕和立案监督、侦查活动监督工作中，既要重视追捕追诉，纠正该立案不立案的情形，也要纠正不该立案而立案、该撤案而不撤案的情形。一要加强立案监督工作。完善立案监督线索发现和监督纠正机制，采取有效措施解决不敢监督、不善监督和监督不到位、不规范等问题。二要加强调查核实工作，纠正违法侦查行为。坚决纠正刑讯逼供等非法取证行为，完善对侦查活动中违法行为的调查机制，加大对非法取证行为核实和监督纠正力度。探索开展对刑事拘留、指定居所、监视居住等强制性侦查措施的监督，及时纠正不当司法行为。在介入侦查、引导取证工作中，明确介入侦查的范围，正确把握"引导"的角色和介入侦查取证的度，对侦查取证活动进行引导、监督，防止"引导变领导、建议变命令"的问题出现。

四、落实听取辩护律师意见和讯问犯罪嫌疑人程序

检察官在刑事诉讼中除了担任犯罪追诉者、诉讼活动监督者和强制措施裁判者的角色外，还承担诉讼权利救济者的角色，即听取诉讼当事人及其委托辩护人提出的对侵犯诉讼权利行为的申诉、控告，对相关侵权行为开展调查。辩护律师通过申诉、控告、辩护等方式对检察官行使职权进行监督制约。因此，检察官应依法听取辩护意见，特别是对于律师提出的权利救济申请应依法审查，不得无理拒绝辩护律师的申请。同时，强化对犯罪嫌疑人、被告人、被害人诉讼权利的保障，认真落实拘留、逮捕犯罪嫌疑人及时通知其家属，告知犯罪嫌疑人有权委托律师、不被强迫自证其罪，为符合条件的被告人指定辩护等工作。

一般情况下，办理审查逮捕案件可以讯问犯罪嫌疑人。以下特殊情况必须讯问犯罪嫌疑人，包括：对是否符合逮捕条件有疑问，犯罪嫌疑人要求向检察人员当面陈述的；侦查活动可能有重大违法行为的；案情重大疑难复杂的；犯罪嫌疑人系未成年人的；犯罪嫌疑人是盲、聋、哑人或者是尚未完全丧失辨认或者控制自己行为能力的精神病人的。办理审查逮捕案件过程中，还可以讯问证人等诉讼参与人，听取辩护律师的意见。辩护律师提出要求的，应当听取意见。必要时可以组织由犯罪嫌疑人、被害人、证人、辩护人、诉讼代理人等有关各方参与的听证会。通过这些程序，更好地建立"控辩审"三方构造模式，使审查逮捕更加公开、透明、客观、公正。

五、完善讯问全程同步录音录像制度及技术侦查措施

推行讯问全程同步录音录像制度，目的是防止对犯罪嫌疑人刑讯逼供。刑事诉讼法规定，犯罪嫌疑人被拘留后应当在24小时内送看守所羁押；侦查人员讯问犯罪嫌疑人，应当在看守所内进行。侦查人员在讯问犯罪嫌疑人的时候，可以对讯问过程进行录音录像；对于可能判处

无期徒刑、死刑的案件或者其他重大犯罪案件，应当对讯问过程进行录音或者录像。

录音录像应当全程进行，保持完整性。讯问职务犯罪的录音录像要做到"全程、全部、全面"。每次讯问犯罪嫌疑人时，应当对讯问过程实行全程录音录像，讯问由侦查人员负责，录音录像由检察技术人员负责；被告人或辩护人对讯问活动合法性提出异议的，应对有关疑义或事实进行质证；公安机关立案侦查的案件，侦查监督部门审查逮捕时可以调取犯罪嫌疑人的录音录像；被告人及其辩护人提出审前供述系非法取得，提供相关线索或者材料的，侦查监督部门应对这些材料进行调查核实，确保达到证据的客观性标准。

此外，要完善技术侦查措施，防止其被滥用，保护公民的合法权益。把注意力放在全面收集证据上来，更加重视物证、书证、视听资料、电子数据等客观证据的收集，依法采取各种侦查取证措施，推进电子数据实验室建设，加强对电子证据的提取分析，不断积累运用电子数据证据办案的经验，进一步推广数据恢复、生理心理测试等侦查技术手段。

职务犯罪讯问录音录像的属性与示证

任红梅[*]

2006 年以来，职务犯罪讯问全程同步录音录像制度在全国范围内得到普及与推广。继最高人民检察院《人民检察院讯问职务犯罪嫌疑人实行全程同步录音录像的规定（试行）》（以下简称《录音录像规定》）颁行后，最高人民法院、最高人民检察院、公安部、国家安全部、司法部颁布了《关于办理死刑案件审查判断证据若干问题的规定》、《关于办理刑事案件排除非法证据若干问题的规定》（以下简称《两个证据规定》），规范了讯问录音录像制度。讯问录音录像具有证明犯罪事实的证据属性，在庭审时可以作为当庭出示的证据以证明讯问活动的合法性。修改后的刑事诉讼法及《人民检察院刑事诉讼规则（试行）》（以下简称《刑事诉讼规则》）对讯问录音录像作了进一步规定，也具体细化了检察机关的示证权限。

一、刑事诉讼法对职务犯罪讯问录音录像的规定

修改后的刑事诉讼法除重大犯罪案件外并未对侦查阶段的讯问录音录像制度提出强制要求，但第一次以仅次于宪法的法律形式对讯问阶段全程同步录音录像的合法性予以了内容确认。最高人民检察院出台的相关司法解释自此有法可依、有据可循。以修改后的刑事诉讼法这一上位法为指导，有利于讯问全程同步录音录像制度在全国范围内的普及，规范侦查阶段的职务犯罪讯问过程。为保证修改后的刑事诉讼法的贯彻执行，最高人民检察院第二次修订《刑事诉讼规则》，为保证规范文明办案，规定讯问录音录像不限于可能判处无期徒刑、死刑等重大犯罪案件。凡是由检察机关立案侦查的职务犯罪案件，每次讯问犯罪嫌疑人时，均应对其讯问过程实行全程录音、录像，以防止刑讯逼供等违法取证行为的发生，确保侦查行为的合法性。

二、职务犯罪讯问录音录像的证据属性

（一）讯问录音录像的属性之争

检察机关讯问全程同步录音录像本质上是一种侦查行为。是为了全面和准确证明某一事实的客观存在，在讯问职务犯罪嫌疑人时，通过同步录音录像这种形式将多变易变的言词证据固定下来。目前，对讯问录音录像的属性主要有以下三种观点：第一种观点认为，同步录音录像并非证据，"是指在侦查讯问过程中将讯问的内容和当时的情景等记录在磁带、硬盘、

＊作者单位：河南省方城县人民检察院。

光盘或其他载体上的一种证据固定的方式"。[1]第二种观点认为，同步录音录像与讯问笔录一样，是犯罪嫌疑人供述与辩解的载体，"是以其内容来证明案件真实情况的，属于言词证据"。[2]第三种观点认为，"视听资料是一种新的特殊的证据，兼有言词证据和物证的特征，对讯问犯罪嫌疑人、询问证人所作的录音录像是根据具体案情和取证目的需要进行的，属视听资料证据"。[3]

（二）赋予讯问录音录像证据属性

讯问录音录像是使用高科技的三维设备，对讯问全过程的同步捕捉和监控。侦查机关通过合法手段以固定载体的形式客观真实地记载讯问内容，能够补充证明犯罪嫌疑人的犯罪事实以及讯问笔录的合法性，符合传统证据的三个基本特征——客观性、合法性和关联性，讯问录音录像具备证据的基本属性。合法取得的讯问录音录像可以在法庭上作为证明案件犯罪事实的重要证据，而不仅仅是一种监督手段。

肯定了讯问录音录像的证据属性后，有必要进一步探讨其到底属于哪一种证据类型。在公安机关提交检察机关的证据目录中与检察机关提交法院的证据目录中，并未列明讯问录音录像。多数情形下，检察机关立案侦查的案件需要向审查逮捕部门、审查起诉部门移送讯问录音录像，但并不需要向法院移送讯问录音录像，讯问录音录像并不是一种独立的证明犯罪事实的证据类型。检察机关依据相关司法解释及当地出台的实施细则在必要时向法院提交讯问录音录像并密封保存，此时讯问录音录像的占有权由检察机关移转至法院。除在法庭上出现被告人翻供，被告人、辩护人指控检察机关诱供、刑讯逼供等特殊情形外，讯问录音录像多数情形下并无证据证明的效力。笔者认为，同步录音录像的证据属性应由其所承载的具体内容而定。如果其承载的是犯罪嫌疑人承认或否定自己的犯罪事实的内容，就属于犯罪嫌疑人的供述和辩解，以此类推，也可能是证人证言，抑或要证明侦查机关的侦查行为是否合法时，其又可成为侦查人员的侦查行为是否构成刑讯逼供等行为的证据，证据类型属视听资料。讯问录音录像不具有单独的证据类型特点，无法作为单独的证据类型证明犯罪事实，其补充犯罪嫌疑人的供述内容，尤其是对检察机关向法院提交的讯问笔录起着补充示证的效力。

三、职务犯罪讯问录音录像的示证规范

讯问录音录像作为一项重要的证据在庭审时需要遵从一定的规则，其在法庭上的出示有具体的法律适用规定。根据《录音录像规定》、《两个证据规定》和《刑事诉讼规则》的规定，讯问录音录像在庭上的出示有严格的限制条件。当人民法院或被告人、辩护人对侦查机关的讯问活动提出异议，提出在讯问活动中有可能存在刑讯逼供等违法行为时，检察机关有权提请当庭播放录音录像，当庭质证。如果人民法院或被告人、辩护人对讯问活动没有异议，一般不需要当庭播放。

（一）讯问录音录像作为证据的当庭出示权

根据《录音录像规定》和《两个证据规定》的相关规定，公诉人提请播放全程录音录像的情形有两种：第一，法庭对被告人审前供述取

① 段明学：《侦查讯问录音录像制度探析》，载《国家检察官学院学报》2007年第1期。
② 陈奇敏：《讯问同步录音录像制度新探》，载《贵州警官职业学院学报》2006年第6期。
③ 杜世相：《出庭公诉研究》，中国检察出版社2001年版，第126页。

得的合法性有疑问，依据现有证据不能排除刑讯逼供等非法侦查嫌疑，由公诉人向法庭提供讯问录音录像；第二，被告人、辩护人对侦查机关讯问的合法性提出异议，公诉人被动提请当庭播放。对于第一种情形，人民法院是刑事案件的终局裁决主体，其依据证据的客观性、合法性、关联性有合理理由怀疑讯问活动的合法性时，有权要求公诉机关提供讯问录音录像以证明讯问活动的合法性，公诉人一般依据法院的庭审需要提供相关联的证据材料，以排除合理怀疑地证明被告人的犯罪事实。

事实上，第一种情形以第二种情形为依托，被告人、辩护人对讯问活动提出异议，法庭才会对证据的合法性产生怀疑。当被告人、辩护人提出要求出示讯问录音录像的权利主张时，公诉人有提供讯问录音录像的义务，而非一种可行性的权限。但是，如果被告人、辩护人一提出异议，法院即强制公诉机关事无巨细地提供讯问录音录像，不仅浪费司法成本与司法资源，而且会造成国家秘密的提前泄露。司法实践中，检察机关往往以涉及国家秘密为由拒绝出示。依据《中华人民共和国保密法》，国家秘密的密级分为秘密、机密、绝密三级，"秘密"是密级最低的一级。职务犯罪案件必然涉及国家秘密情形，不适合在不特定多数人中传播，泄露会使国家的安全和利益受到损害。侦查机关职务犯罪侦查的讯问录音录像的密级必然在最低密级之上，属于受限查阅的范围。正基于此，《录音录像规定》的法律等级存在一定争议。有人认为，《录音录像规定》是最高人民检察院为了规范职务犯罪侦查活动而发布的工作规则，不属于司法解释，故效力等级理应服从上

位法的规定，检察机关以涉及国家秘密为由拒绝出示，完全符合法律规定。

《录音录像规定》、《关于办理刑事案件排除非法证据若干问题的规定》等都有相对较为确定的条文规定，辩护人、被告人对讯问活动提出异议时，检察机关完全以"国家秘密"为由拒绝当庭播放录音录像既不合理，也违反了最高人民检察院规范讯问录音录像的初衷。但倘若辩护人、被告人对讯问活动有异议，就要求检察机关无条件出示讯问录音录像，则为辩护人、被告人的无理辩护提供了空间，也会造成司法时间的无限制延长。因此，对被告人辩解其因受刑讯逼供等违法讯问而作供述的，理应提出进一步的时间界定和目的说明。只有当被告人的供述内容对于案件的定性具有决定性影响，根据庭审的效果有合理理由怀疑被告人有可能受到刑讯逼供、诱供等的，公诉人才需要向法庭提请播放讯问录音录像，消除合议庭的合理怀疑，以证明讯问活动的真实合法性。修改后的《刑事诉讼规则》为保障国家秘密的安全，规定辩护人、被告人对讯问活动提出异议时，检察机关不必然向法庭提请当庭播放讯问录音录像，具体视被告人、辩护人提供的相关线索及材料而定，公诉人经过审查在必要时才须对有关异议或者事实进行质证。

（二）讯问录音录像当庭出示的范围

讯问录音录像中被告人的供述内容具有多样性。除了被告人供述自己所犯罪行的内容外，还会涉及被告人检举、揭发他人的犯罪事实，被告人除案件外的个人隐私、商业秘密，侦查机关的讯问谋略与技巧以及其他不宜公开的内容。这些不宜公开的内容具有私密的属性，泄露会使个人、集体、国家的利益受损，也会给

检察机关日后查处职务犯罪案件带来较大影响，故这部分内容理应受到法律的私密保护，检察机关可以对《刑事诉讼规则》所列举的不宜公开的讯问录音录像进行技术上的处理并且向法庭作出说明。

由于涉及个人、集体、国家的安全和利益，当庭出示全程录音录像不具有可操作性。为节省法庭审理成本以及保护国家秘密，不需要对检察机关移交法院的全部录音录像都在法庭上播放出示。可行的方案是，检察机关一般不当庭出示讯问录音录像。如上所述，只有在被告人、辩护人提出侦查活动具有严重违法性，为证明侦查活动合法，一般才进行当庭播放、质证。《刑事诉讼规则》对此也有规定。笔者认为，首先法庭应宣布刑事案件由公开审理转为非公开审理，在审判人员、公诉人、被告人、辩护人在场的情况下，公诉人对讯问录音录像作技术上的处理，删减重要的与被告人和该案件无关的视频信息，向法庭作出说明，公诉人与辩护人仅针对当庭播放的讯问录音录像进行质证，待质证活动结束后再恢复公开审理。[1] 这样既能节约法庭审理时间，保护国家秘密，也能充分保护辩护律师的辩护权以及被告人的异议权。

① 潘申明、魏修臣：《侦查讯问全程同步录音录像的证据属性及其规范》，载《华东政法大学学报》2010 年第 6 期。

以法治思维和法治方式提升反贪侦查法治化水平

王晨晖[*]

法治思维是指主体运用法律规范、原则、精神对所要处理的问题进行分析、综合、判断、思考的过程，其实质在于各级领导干部想问题、作决策、办事情时，必须严格遵循法律规范和法定程序，必须切实保护人民和尊重保护人权，必须始终坚持法律面前人人平等，必须自觉接受法律的监督和承担法律责任。法治方式是指主体在法治思维的指导下通过制定、执行法律及处理问题的方式和方法。法治思维影响和决定法治方式。

一、提升反贪侦查法治化水平的意义

以法治思维和法治方式提升反贪侦查水平，不仅是对侦查人员提出的更高标准，更是契合当前转变反贪侦查模式的内在要求。当前，检察机关反贪部门通常沿用"由供到证"的侦查模式，即侦查机关在掌握了一定的犯罪线索以后，立即讯问犯罪嫌疑人，然后再以犯罪嫌疑人的供述为线索收集其他证据；若收集的其他证据与犯罪嫌疑人的口供有出入，则继续讯问犯罪嫌疑人。在这种模式指导下，反贪侦查的首要任务是千方百计突破犯罪嫌疑人口供，然后据供查证，供证相符即告破案。客观上讲，这种侦查模式长期存在是有一定现实基础的：其一，职务犯罪案件多数无具体的被害人，因此很少有被害人陈述；其二，职务犯罪行为一般不会有典型的犯罪现场，很少留下痕迹，因

此一般很少会出现勘验、检查笔录；其三，由于职务犯罪的隐蔽性强且犯罪嫌疑人具有较强的反侦查能力，很少有目击证人，产生视听资料的机会很少。

但是，从法律角度来看，这种模式明显存在先天不足。首先，将破案的可能完全寄希望于获得犯罪嫌疑人的有罪供述，将办案力量完全集中于审讯工作，一旦不能取得审讯突破或者过于轻信犯罪嫌疑人的供述，轻则误导侦查或贻误战机，不利于查明案件事实真相，一旦发生翻供或翻证，必然导致"侦破"的案件不能终结或不了了之，重则产生冤假错案，损害犯罪嫌疑人的合法权益。其次，侦查人员为了完成侦查任务，实现侦查目标，时常试图让侦查活动突破法定程序的约束。就当前我国职务犯罪侦查的实际情况而言，由于我们的侦查工作基本上停留在"以人证为主"的阶段，许多侦查人员在办案时还存在"口供情结"，一旦犯罪嫌疑人不供，就难免出现以拘代侦、以捕代侦，结果带来随意超期羁押和刑讯逼供。最后，一旦出现刑讯逼供现象，会严重降低刑事诉讼的效率和效益，也会严重损害刑事诉讼的程序价值，还会对现行司法制度威信造成根本性、全局性的损害。

以上分析表明，"由供到证"侦查模式不符合法治建设要求，反贪部门应积极探索"由

＊作者单位：浙江省绍兴市柯桥区人民检察院。

证到供"侦查模式,并全面推行,以此达到提升侦查水平、提高案件质量、遏制刑讯逼供的目的。要转变侦查模式,关键在于转变侦查人员的诉讼价值观念,用法治思维和法治方式武装侦查人员的头脑。

二、提升反贪侦查法治化水平的现实基础

以法治思维和法治方式提升反贪侦查法治化水平的现实基础在于规范司法。而规范反贪侦查行为工作推进如何,直接关系到司法公正、法治权威与检察机关司法公信力,必须高度重视。工作实践中,我们需要把握好以下三个要点:

1. 树立正确的司法理念。反贪侦查工作长远科学发展之路即是更新司法理念、适应法治要求的发展之路,必须始终坚持惩罚犯罪与保障人权并重、程序公正与实体公正并重、全面客观收集审查证据与坚决依法排除非法证据并重、司法公正与司法效率并重、强化法律监督与强化自身监督并重、严格公正廉洁司法与理性平和文明规范司法并重,把先进司法理念及要求全面落实到反贪侦查工作的各个环节和方面,更好地体现诉讼文明、诉讼民主、诉讼公开和诉讼监督制约。

2. 依照严格的办案程序。反贪侦查要实现法治化,关键在于真正做到依法办案。首先,反贪侦查应坚持法律面前人人平等的原则,对于任何组织或个人,只要涉嫌贪污贿赂犯罪,都应及时查办,并且一查到底,决不姑息;其次,办案环节应严格依照刑事诉讼法和《人民检察院刑事诉讼规则(试行)》规定的程序层递运行,坚持无罪推定的原则,摒除重实体轻程序的不当理念;最后,应坚持依法办案,对犯罪线索该立则立、该撤则撤、该诉则诉,切实维护法律的尊严与权威,坚决维护法律秩序的统一与稳定,着力尊重与保障人权。

确立严格依法办案的保障机制是实现侦查法治化的关键,而且这种保障机制应贯穿反贪侦查活动的始终,并落实到各项具体侦查措施上。从立案侦查到侦查终结,从运用初查手段到采取强制措施,都必须严格遵守法定的程序和规则,既不能允许任何人在法律面前享有特权,也不能非法侵犯公民的人身权利和民主权利。

3. 遵循法定的证据规则。修改后的刑事诉讼法从立法层面首次确立了非法证据排除规则,通过约束侦查机关取证行为,对侵犯诉讼参与人特别是犯罪嫌疑人、被告人权利提供了救济措施,有利于查明案件的事实真相。非法证据排除规则的确立对反贪侦查工作提出了新的挑战,它要求侦查人员在收集证据的同时要注意证据的合法性,决不能滥用手中的权力去非法获取证据,严禁刑讯逼供或采用暴力、威胁等手段获取证言,杜绝非法证据的产生。

三、提升反贪侦查法治化水平的内部保障

以法治思维和法治方式提升反贪侦查法治化水平,决不能以牺牲案件侦查效率为代价。当下我国正处于经济变革和社会转型期,职务犯罪呈现上升态势,民众要求司法机关惩治职务犯罪的期望不断提高。特别是党的十八大以来,中央和地方各级政府加大了反腐力度,一直保持反腐的高压态势,查办了一大批职务犯罪案件,检察机关在其中大有作为。对侦查活动的各项规范要求,我们不应片面地视其为对反贪工作的束缚,而应将其视作对当前工作中存在不足之处的倒逼机制,促使反贪部门提高侦查效率,确保司法公正。对此,可以从以下几个方面下功夫,为提升反贪侦查法治化水平

提供有力保障：

1. 加强信息化建设。一是建立与职务犯罪有关的基础信息库。在职务犯罪侦查中，有关的人员信息、财产信息、活动信息具有极高的侦查价值。应通过与组织人事、公安、房管等部门合作，推进涵盖权责、人事、人口、户籍、车辆、出入境、房产等侦查基础数据的共享和相关数据库的建立。二是依法运用技术手段助推侦查工作。运用信息技术拓宽案源渠道，规范案件线索来源；建立与社保、银行、通信运营商的信息查询协作机制；针对网络、电子科技的发展和广泛运用，提高获取、使用电子数据的能力，如收集、分析qq聊天记录、电子邮件、手机短信、电话话单，从中获取有利信息。三是重视侦查信息研判工作。以信息引导侦查，侦查人员必须能够分析、整理、提炼、判断手中海量的信息，从中发现案件线索，服务办案工作。为此，应研究制定侦查信息分析研判基本规则，为侦查工作提供更为直接有效的服务。应重视以往办结的案件，通过对已办案件进行分析，从中提取有价值的内容和规律性的特点，借鉴科学上对"大数据"的研究成果，使其为新案件的发现和预警提供有益帮助。

2. 推进精细化初查。初查是侦查工作顺利开展的基础，但是长期以来，初查工作没有得到应有的重视，一般初查就是在前期对掌握的线索进行外围初步了解，并不进行证据收集，而习惯于将侦查的重心放在正面强攻获取口供上。为确保案件办理合理合法并提高侦查效率，必须将侦查的重心前移到为最后的审讯作准备的初查上来。在立案前广泛收集涉案信息，合理地应用秘密调查手段，提前在外围突破并固定核心证据，以明确讯问方向，减少讯问的盲目性，提高讯问成功率，确保案件质量和程序公正。

3. 推行专业化审讯。职务犯罪侦查案件尤其是贿赂案件的固有特点，决定了审讯依旧是反贪办案的重要环节。根据最高人民检察院的规定，检察机关自侦案件的每一次讯问都要全程录音录像，并强调录音录像的全程性和完整性，这就要求侦查人员必须主动应对在"镜头下"讯问带来的挑战，严格遵守讯问犯罪嫌疑人的程序和规则，杜绝刑讯逼供、指供诱供现象。

贪污贿赂案件是一种高智商、隐蔽性犯罪，犯罪分子往往具有较高的反侦查意识。因此，审讯前先要熟悉案情、证据，尽可能多地了解讯问对象的详细情况，摸清讯问对象的文化知识结构、职业特长、工作经历、个人兴趣爱好、家庭情况、社会阅历、有无前科等情况，察觉讯问对象在采取强制措施前后的心态变化、认罪态度及其心理防线的抵抗基础，从而拟定讯问提纲和应对讯问僵局的措施。同时，要深入研究犯罪嫌疑人心理变化规律，善于根据不同类型案件、不同讯问对象的特点，灵活运用政策、策略和技巧进行讯问，找准案件的突破口，选择重点对象或重点环节突破案件。特别是在共同犯罪案件中，要根据案件的证据情况和讯问对象情况，选择证据相对较好、心理抵抗和反侦查能力弱的对象进行重点讯问，以点带面突破案件。此外，还要注重侦查资源统一调配，强化内审、外调配合互动，通过内外信息的碰撞澄清事实真相，抢抓制胜先机。对收集到的外围证据进行比较分析，辨别真伪，搞清证据在案件事实上的证明指向和证明力，使手中的证据能在讯问过程中适时、适机地抛出，成为促使讯问对象开口的有力武器。

故意杀人案件死刑适用标准研究

杜 邈[*]

故意杀人案件是严重侵犯人民群众生命财产安全、影响人民群众安全感的案件种类，也是判处死刑[①]比例较高的案件种类。从实体法的角度来看，我国刑法第四十八条规定"死刑只适用于罪行极其严重的犯罪分子"，但未对何谓"罪行极其严重"予以明确，虽然一些司法解释对死刑适用标准有零散规定，但缺乏系统性和具体性。故意杀人案件在犯罪手段、危害结果等方面均具有特殊性，对故意杀人案件死刑适用标准进行研究，有利于司法机关统一对死刑适用标准的认识，确保死刑裁判的公正和慎重。

一、死刑适用的积极标准

死刑适用的积极标准，是指体现行为人所犯罪行达到"极其严重"程度的各种情节或结果，即"犯罪的性质极其严重、犯罪的情节极其恶劣以及犯罪分子的人身危险性极其严重"。

（一）独立死刑适用标准

该类标准既包括法定从严情节，也包括酌定从严情节，对于死刑适用的作用力极强。通常情况下，行为人具备下列情形之一，即可考虑判处死刑立即执行，即使其具备法定或酌定从宽情节，也难以阻却死刑的适用。当然，由于司法实践存在多种可能性，也不排除特殊情形下判处死刑缓期执行的情况。

1. 危害后果严重

在故意杀人案件中，危害后果在很大程度上体现了行为的社会危害性大小，对死刑的裁量具有重要影响，甚至成为死刑适用的最重要标准之一。

第一，行为人除致一人死亡外，另造成他人重伤或死亡的，通常判处死刑立即执行。在该情况下，如果行为人达到刑事责任年龄、具有完全刑事责任能力，无论是具有自首等法定从宽情节，还是具有坦白、事出有因等酌定从宽情节，均不足以阻却死刑适用。例如，赵某撬窗进入某物业公司宿舍房间内，持菜刀猛砍熟睡中的朱某、唐某某的颈部、手臂等处数刀，致朱某急性失血性休克死亡、唐某某重伤。其间，赵某还对二人进行猥亵，并窃取了房间内被害人的移动电话、人民币等款物价值人民币3000余元，赵某作案后于当日向公安机关投案。法院审理认为，赵某故意非法剥夺他人生命，致一人死亡、一人重伤，其行为已构成故意杀人罪，罪行极其严重，犯罪性质恶劣，不足以对其从轻处罚，判处死刑立即执行。

第二，行为人除致一人死亡外，另造成他人轻伤的，可以判处死刑缓期执行。在该情况下，杀人行为的危害后果主要是致他人死亡，如果行为人存在多个法定、酌定从宽情节，可能阻

───────────────
[*] 作者单位：北京市人民检察院第二分院。
[①] 本文所使用的"死刑"一词，均指死刑立即执行。

却死刑的适用。例如，张某因琐事与两名被害人发生矛盾，遂持切肉刀砍击一名被害人头部，致其颅脑损伤合并失血性休克死亡，后又持刀砍击另一被害人头部、腿部，经法医鉴定为轻伤。张某案发后前往公安机关投案。法院审理认为，该案系邻里纠纷引发，张某系激情杀人，且存在自首、救助被害人情节，因此判处死刑缓期两年执行。

2. 数罪并罚

有的故意杀人案件中，行为人在多个犯罪故意的支配下，实施了故意杀人、抢劫、强奸、盗窃等多个危害行为，应对行为人进行数罪并罚。根据刑法第六十九条关于限制加重原则的规定，明确将死刑、无期徒刑排除在外，但刑法对于判决宣告中有数个死刑或者最重刑为死刑的应当按照什么原则实行并罚，并未作出明文规定。① 有观点认为，在数罪并罚的情况下，非死刑罪名的责任轻重不能被死刑罪名吸收，而是需要和死刑罪名的责任轻重叠加在一起，作为能否选择死缓的标准之一。② 实践中，司法机关对于故意杀人罪之外的其他罪名的责任轻重，通常会进行综合判断，以某种方式潜在性地累加到死刑罪名的判断之中，并成为衡量行为人人身危险性的重要依据。

第一，行为人实施抢劫、强奸等严重危害人身犯罪与故意杀人罪并罚的，通常判处死刑立即执行。在我国刑法中，故意杀人、故意伤害致人重伤或者死亡、强奸、抢劫、贩卖毒品、放火、爆炸、投放危险物质等犯罪均属于侵害公民人身权利的严重犯罪类型，体现了行为人更大的人身危险性，能够成为死刑适用的积极

因素。例如，韩某与被害人发生性关系后，因琐事发生争执，遂扼压被害人颈部并致其窒息，又将床单点燃，放火焚烧现场，致使被害人被扼压颈部后造成了一定程度的窒息而后吸入一氧化碳中毒死亡。韩某实施该犯罪前后，还伙同他人实施持枪入室抢劫两起，分别致他人轻伤、轻微伤。法院审理认为，韩某故意非法剥夺他人生命，又故意纵火焚烧公私财物，危害公共安全，并致一人死亡，韩某还以非法占有为目的持械抢劫他人财物，依法应数罪并罚，决定执行死刑。

第二，行为人实施盗窃等犯罪与故意杀人并罚的，可以判处死刑缓期执行。行为人在实施故意杀人犯罪的同时，又实施盗窃、侮辱尸体等其他犯罪的，由于其他犯罪行为侵犯的是财产权利或与杀人行为具有紧密联系，如果行为人具有从宽情节，可能阻却死刑适用。例如，周某因嫖资纠纷与被害人发生争执，遂扼压被害人的颈部致其机械性窒息死亡。后周某驾车将尸体抛弃于水泥井内，并窃走被害人随身携带的手机一部，价值人民币 2700 元。法院审理认为，鉴于周某能如实供述犯罪事实，并赔偿附带民事诉讼原告人的部分经济损失等情节，对其判处死刑缓期二年执行。

3. 累犯

累犯属于法定应当从重情节，在一定程度上表明犯罪人具有严重的人身危险性。在故意杀人案件中，对于累犯也应该给予更为全面的分析，即结合前罪、后罪的具体情况作出综合判断，如果前罪是严重暴力犯罪的累犯，显然比前罪是非暴力犯罪或者普通暴力犯罪的累犯

---

① 理论界认为，对于这种情况应采取吸收原则，在所犯数罪分别宣告的刑罚中，选择其中最重的一种刑罚作为执行的刑罚，其中较轻的刑罚被最重的刑罚吸收，不予执行。参见高铭暄、马克昌：《刑法学》，北京大学出版社、法律出版社 2005 年版，第 314—315 页。
② 参见姜涛：《从李昌奎案检讨数罪并罚时死缓的适用》，载《法学》2011 年第 8 期。

的危险性更大，此为认定"罪行极其严重"的重要标准。

第一，行为人具有累犯情节，通常判处死刑立即执行。最高人民法院2010年《关于贯彻宽严相济刑事政策的若干意见》规定："具有惯犯、职业犯等情节的被告人，或者因故意犯罪受过刑事处罚、在缓刑、假释考验期内又犯罪的被告人，要依法严惩，以实现刑罚特殊预防的功能。"行为人因犯罪受过刑事处罚，仍不思悔改，依然实施故意杀人这种最为严重的刑事犯罪，如果不具备法定从宽情节，或仅具备坦白等单一酌定从宽情节的，体现出其漠视法律的心态和改造的难度，应当从严处罚。

在一些故意杀人案件中，行为人曾因违法、犯罪被处以行政处罚或判刑，虽然不属于刑法意义上的累犯，但如果罪行极其严重，没有从宽情节或从宽情节力度较小，通常判处死刑立即执行。例如，吕某曾因违法、犯罪被处以行政处罚和判刑，经预谋后携带尖刀、胶带来到被害人的租住地，采取持刀威胁、胶带捆绑的暴力手段，抢得被害人人民币1300元及金项链、金戒指。后吕某恐罪行败露，又持刀猛刺被害人的头面、上肢、躯干部数十刀，致其急性失血性休克死亡。法院审理认为，吕某不思悔改，入户使用暴力抢劫他人财物，为灭口而将被害人杀死，构成故意杀人罪、抢劫罪，即使故意杀人行为系临时起意，且到案后能如实供述所犯罪行，但不足以对其从轻处罚，对其判处死刑立即执行。

第二，行为人具有累犯情节，在特定条件下可以判处死刑缓期执行。对于故意杀人案件的累犯应当从严惩处，但是，如果行为人同时具有多个从宽情节，或案件存在特殊情况，就需要按照"少杀、慎杀"的原则慎重处理。实践中，对累犯存在判处死刑缓期执行之可能性，但满足的条件较为严苛，或是需要多个法定、酌定从宽情节同时存在，或是量刑证据存疑，或是行为人在共同犯罪中所起作用较小，才能够阻却死刑适用。例如，高某因琐事与被害人发生争执，采用扼压颈部、绳子勒颈等手段致其机械性窒息死亡，后在公安机关对其询问时主动交代了犯罪事实。法院审理认为，鉴于高某同时构成自首，系激情杀人，认罪态度较好，判处死刑缓期执行，同时对其限制减刑。

（二）合并死刑适用标准

该类标准主要包括酌定从严情节，对死刑适用具有一定的影响力。通常情况下，行为人具备两个以上罪前、罪中、罪后酌定从严情节的，即可考虑适用死刑，如果行为人同时存在法定、酌定从宽情节的，则可能相互"抵消"，判处死刑缓期执行。

1. 犯罪动机卑劣

犯罪动机是指致使犯罪人实施犯罪的内心冲动和起因。在故意杀人案件中，犯罪动机对死刑的适用有着重要影响，不同性质的犯罪动机直接影响对犯罪是否符合"罪行极其严重"的判断。如果犯罪动机从道德层面属于可谴责性较大的情形，则从动机的角度倾向适用死刑。例如，杜某因琐事和被害人发生口角，盛怒之下将被害人杀害。随后，杜某又将被害人的尸体移至该广场附近的一小树林内进行奸淫，且持刀将被害人腹部划开，切割胸部、摘除子宫、插刺阴部。法院最终判处杜某犯故意杀人罪、侮辱尸体罪，决定执行死刑，剥夺政治权利终身。

2. 预谋实施犯罪

在故意杀人案件中，主观恶性大的突出表

现是"蓄谋杀人"。美国刑法认为谋杀罪是最为严重的一类犯罪，即"有预谋地、恶意地非法终止他人生命的行为"。[1] 根据我国刑法理论，犯罪故意包括认识因素和意志因素，行为人通过预谋或精心策划，反映了追求被害人死亡结果的主观积极程度，同时增大了破获案件、收集证据的难度，具有更大的社会危害性和主观恶性，应当从严惩处。

3. 犯罪手段凶残

在故意杀人犯罪中，对于那些使用极其残忍及侮辱性手段来侵害他人生命或者重大健康的行为人应考虑从重处罚。采用这些残忍手段实施犯罪不仅造成了被害人及家属巨大的身心伤害，同时会引起强烈的社会恐慌，而且反映了行为人严重的主观恶性与人身危险性，因而应当考虑首先适用死刑。例如，赵某因房产纠纷等问题与同村邻居孔某、岳某夫妇产生矛盾，遂在家中趁来访的孔某不备，持事先准备的斧子猛击孔的头部数下，并将一根 15 厘米长的铁钉钉入孔的头顶部，造成孔某颅脑损伤死亡。而后，岳某来到赵某家中，赵某又持斧子猛击岳的头部数下，并将一根 15 厘米长的铁钉、一根 14 厘米长的金属棒、一根木质筷子刺入岳的双眼，造成岳某颅脑损伤死亡。法院审理认为，赵某不能正确处理邻里纠纷，采用极为残忍的手段故意非法剥夺他人生命，致二人死亡，判处死刑立即执行。

4. 侵害未成年人等弱势群体

弱势群体分为生理性弱势群体和社会性弱势群体。生理性弱势群体主要涵盖残疾人、未成年人、老年人、精神病人、怀孕妇女等；社会性弱势群体则具有较强的相对性，其弱势往往通过在某一具体环境中与其他人群的比较加以体现。在故意杀人案件中，对于侵害弱势群体的案件，通常采取重刑化的从严态度，既是满足社会正义感的需要，又是预防此类犯罪、保护弱势群体利益的必然要求。例如，郭某因家庭房产纠纷对其二姐产生不满，遂趁上学途中的二姐之子胡某（年仅 14 岁）不备，持尖刀刺切胡的颈部一刀，后不顾他人劝阻仍持刀追赶，并连续刺切胡某颈部、胸腹部及四肢部数刀，致胡某失血性休克死亡。法院审理认为，郭某持刀故意非法剥夺他人生命，致人死亡，且所犯罪行极其严重，判处死刑立即执行。

5. 实施分尸、抛尸、焚尸等行为

在故意杀人案件中，一些行为人在实施杀人行为后，基于销毁罪证、逃避侦查等目的，继续实施肢解尸体、抛弃尸体、焚烧尸体或报假案的行为，作案手段极端残忍，在社会上造成极坏的影响，增加了侦查取证工作难度，应当认定为严重危害社会治安、损害人民群众安全感的案件，从而符合死刑适用的条件。例如，雷某因琐事与被害人在自家商店内发生口角，后用电源线猛勒其颈部，致被害人机械性窒息死亡，并将尸体藏匿于店内。随后，雷某又将被害人尸体拖弃至郊区荒地。法院审理认为，雷某因琐事故意非法剥夺他人生命，致人死亡，构成故意杀人罪，判处死刑立即执行。

6. 行为人无悔罪表现

在故意杀人案件中，悔罪表现是指犯罪分子犯罪后承认自己的犯罪事实，认识到自己犯罪行为的不正当性和无价值性，并有真诚悔罪、

---

[1] 储槐植：《美国刑法》，北京大学出版社 2012 年版，第 160 页。

重新做人的积极态度和表现，与被告人行使辩解权并没有根本冲突。如果行为人在大量客观性证据面前，仍然矢口否认犯罪事实和证据，对实施犯罪没有悔改之意，不能认定为有悔罪表现。例如，武某与被害人经人介绍相识，后被害人认为二人不适合继续交往，武某持随身携带的水果刀，连续刺击、划割被害人的头面部、颈部、躯干部及四肢部等处数刀，致其急性失血性休克死亡。案发后，武某对扎刺被害人颈部、肩部等要害部位这一情节不如实供述，且一直强调被害人具有所谓"过错"，但对自己在二人交往中的不诚实行为避而不谈，对杀死被害人的行为没有表现出丝毫悔意，最终法院判处其死刑立即执行。

7. 行为人逃避侦查

根据刑法第八十八条的规定，在立案侦查或者人民法院受理案件之后，逃避侦查或者审判的，不受追诉期限的限制。但是，刑法并未明确规定对这种现象应予从重处罚。司法实践中，常常发生犯罪分子作案后通过伪造现场、诬陷他人等手段逃避侦查，耗费了司法资源，给办案和社会安定等方面带来诸多不利影响，通常成为衡量"罪行极其严重"的标准。例如，徐某因琐事将在一起打工的老乡勒死后，伪造其自缢现场，并将尸体焚烧。徐某在实施犯罪后，为逃避法律制裁，在被公安机关查获后，诬告陷害赵某参与了故意杀人犯罪的过程，致使赵某被公安机关刑事拘留，后法院对徐某以故意杀人罪、诬告陷害罪数罪并罚，决定执行死刑。

二、死刑适用的阻却事由

根据刑法第四十八条的规定，对于应当判处死刑的犯罪分子，如果不是必须立即执行的，可以判处死刑同时宣告缓期二年执行。据此，即使行为人所犯故意杀人罪罪行极其严重，但其主观恶性不大或人身危险性较低，达到"不是必须立即执行"的程度，便成为死刑适用的阻却事由。

（一）独立死刑适用阻却事由

该类事由既包括法定从宽情节，也包括酌定从宽情节，对于阻却死刑适用的作用力极强。通常情况下，行为人具备下列情形之一，即可考虑判处死刑缓期执行。

1. 自首、立功

根据刑法规定，行为人具有自首、立功情节的，体现了其主观恶性的显著降低，可以从轻、减轻乃至免除处罚。实践中，对于致一人死亡的普通故意杀人案件，如果行为人具备自首、立功情节，通常可以阻却死刑适用；对于具备从严情节的故意杀人案件，如果行为人同时具备自首、立功情节和酌定从宽情节，也可能阻却死刑适用。例如，高某曾因犯罪被判处有期徒刑以上刑罚，刑罚执行完毕后，在五年内因生活琐事与被害人发生争执，采用扼压颈部、绳子勒颈等手段，致其机械性窒息死亡。后高某在公安机关对其询问时主动交代了犯罪事实。法院审理认为，高某系累犯，依法应予从重处罚。鉴于高某在罪行未被司法机关发觉，仅因形迹可疑被询问时即主动交代罪行，系自首，且具有认罪态度较好、激情杀人等情节，对其判处死刑，可不予立即执行，同时对其限制减刑。

2. 量刑证据存疑

最高人民法院、最高人民检察院、公安部、司法部发布的《关于进一步严格依法办案确保办理死刑案件质量的意见》第三十五条规定："定罪的证据确实，但影响量刑的证据存有疑点，处刑时应当留有余地。"由于案件事实的复杂性，司法人员认识能力的有限性，有时会出现量刑情节无法查清、无法认定也无法排除的情形。按照证据必须经过查证属实才能作为定案根据的原则，当从严情节存疑影响到可否判处死刑立即执行时，应当留有余地，排除死刑立即执行的适用。实践中，量刑情节事实的认定上存疑时，一般都适用"疑罪从轻"。①

一种情况是犯罪主体证据存疑。刑法第四十九条明确规定："犯罪的时候不满十八周岁的人和审判的时候怀孕的妇女，不适用死刑。审判的时候已满七十五周岁的人，不适用死刑，但以特别残忍手段致人死亡的除外。"这几类特殊主体在决定适用死刑的时候被直接完全否定，当犯罪主体证据存疑时，应当留有余地。例如，马某因被害人（女，30岁）要求其照看被害人之子（2岁）而对被害人不满。马某即持斧子分别猛击被害人及其子头面部等处数下，致两人重度颅脑损伤死亡。后马某还潜入被害人房间内，窃取款物价值人民币近8万元。审理过程中，辩护人提出马某年龄是否成年有不同意见，请求法院对马某量刑时留有余地。法院审理认为，现有户口登记簿可证明马某犯罪时已满18周岁，其年龄虽有不同意见，但无出生证明文件及无利害关系人的证言能够证明被告人作案时未满18周岁，故其年龄的认定仍应以户籍证明文件为准，对辩护人所提的辩护意见不予采纳。但是，法院最终判处马某犯故意杀人罪、盗窃罪，决定执行死刑，缓期二年执行，同时限制减刑。

另一种情况是犯罪行为证据存疑。这类案件通常发案时间较早，缺乏直接证据、客观证据，主要依靠被告人有罪供述和间接证据定案。例如，孙某因认为原同事诬陷其偷窃单位财物，遂对其心生怨恨并欲行报复，后孙某破窗进入被害人居住的房间，持铁管猛击被害人头部等部位数下，致其重度颅脑损伤死亡。本案中，孙某的有罪供述是案件的唯一直接证据，其在庭审阶段全面翻供，且直接证实其在案发时间段是否曾出现在案发现场的证据不足，特别是在被害人死亡房间的直接案发现场未能提取到任何孙某的痕迹物证，只能依靠间接证据定案。最终法院判处孙某犯故意杀人罪，判处死刑，缓期二年执行。

3. 特殊阻却事由

行为人实施故意杀人犯罪造成极为严重后果，如除造成一人死亡外，另造成他人重伤或死亡的，如果具备以下情形，也可能阻却死刑适用。

一是间接故意。例如，陶某驾驶已报废的轻型自卸货车，同被害人驾驶的摩托车相撞，致摩托车上人员赵某、赵某之子（5岁）及赵某的妻子董某摔倒在陶某的车下，后董某欲从车下抢救儿子时，陶某又驾车向前行驶，董某遂拍打陶某驾驶车辆的车身、车窗并呼喊示意车下有人，但陶某仍继续驾车从被害人赵某及其子头部轧过，造成两人死亡。陶某作案后向公安机关投案。法院审理认为，陶某对其驾车转弯前已经看到被害人驾驶摩托车向其直行过来，且其驾驶车辆转弯时通过右侧反光镜看到该摩托车倒在了地上有过明确的供述，其明知自己驾车继续行驶的行为极可能会发生危及被害人生命的后果，仍放任此种后果的发生，主观方面存在犯罪的故意而非过失，对其行为应以故

---

① 金钟：《论"疑罪从无"原则之例外——"疑罪从轻"》，载《西南民族大学学报（人文社会科学版）》2011年第12期。

意杀人罪论处，判处死刑，缓期二年执行。

二是犯罪未遂。例如，关某因感情问题对被害人产生不满，遂决定与其同归于尽，并准备了农药氯氰菊酯、硫酸及菜刀一把。后关某喝下农药后，携带硫酸和菜刀来到被害人的暂住处，用硫酸将被害人的面部等处烧伤，又持菜刀砍击其颈部、背部等处，砍击被害人之女（13岁）的颈部、肩背部等处，并将该女的右耳砍掉。因药物发作等原因，关某之杀人行为未得逞。经鉴定，两名被害人的身体所受损伤程度均属重伤。法院审理认为，关某采用泼硫酸和持刀砍击等手段实施故意杀人行为，致二人重伤并致其中一人严重残疾，所犯罪行极其严重，鉴于其系犯罪未遂，故对其判处死刑，缓期二年执行。

（二）合并死刑适用阻却事由

该类事由既包括法定从宽情节也包括酌定从宽情节，对于阻却死刑适用具有一定的影响。在"罪行极其严重"的情况下，行为人单独具备下列从宽情节还不能阻却死刑适用，只有在两个以上情节并存的情况下，才可能判处死刑缓期执行。

1. 坦白

坦白是《刑法修正案（八）》新增的法定从宽情节。相对于自首及立功等法定从轻情节来说，被告人的坦白情节对死刑适用的影响力要远远小于前者，如果行为人具有某些酌定从重情节，其将会被抵消甚至被吸收。例如，阮某因琐事与吕某发生口角，后进入吕某的宿舍内，用钳子猛击吕某的头面部，并用布带勒、用手扼压其颈项部，致其机械性窒息死亡。阮某作案后被公安机关查获归案。法院审理认为，阮某故意非法剥夺他人生命，致人死亡，其行为已构成故意杀人罪，依法应予惩处。鉴于被告人阮某能如实供述其犯罪事实，可对阮某所犯

故意杀人罪判处死刑缓期二年执行，同时限制减刑。检察机关经审查认为，阮某的故意杀人行为属罪行极其严重，法院属于量刑畸轻，遂依法提出抗诉，后二审法院改判阮某死刑立即执行。

2. 积极赔偿被害方损失

在故意杀人案件中，如果被告人与被害人一方达成赔偿协议，取得谅解，在一定程度上修复了已被破坏的社会关系，可以成为酌情从轻处罚的理由。根据最高人民法院2007年《关于进一步加强刑事审判工作的决定》的规定，要正确处理严格控制和慎重适用死刑与依法严厉惩罚严重刑事犯罪的关系，案发后真诚悔罪积极赔偿被害人经济损失的案件等具有酌定从轻情节的，应慎用死刑立即执行。从理论上看，刑事赔偿的作用并非没有限制，不能只要赔偿就从轻判处，应当区分案件的不同性质，依法慎重决定。但在实践中，无论是因婚姻家庭、邻里纠纷等民间矛盾激化引发的犯罪，还是严重危害社会治安、严重影响群众安全感的犯罪，只要被告人或其亲属进行民事赔偿，获得被害方谅解的，通常会阻却死刑适用。

3. 行为人有认罪悔罪表现

认罪悔罪是指犯罪人出于悔改或者认错的心理而明示或默示承认自己作出了某种带有犯罪性恶劣行径的行为。我国刑法将自首、立功、坦白作为法定从宽情节，对除此之外的认罪悔罪行为视为酌定从宽情节，犯罪人在犯罪后认识到罪过，真诚悔悟，在一定程度上表明其人身危险性减弱，可以作为考虑对犯罪人不适用死刑的酌定从宽情节。例如，许某因单位调班问题与女友发生口角，后二人在许某驾驶的铲车驾驶室内发生肢体冲突，许某将女友从铲车驾驶室内推下。女友俯面倒地后，许某随即驾驶铲车加油向前并倾倒铲斗内含有硬块的粉煤

灰将其全身掩埋。后许某与在场工人一起将女友送往医院。经鉴定，被害人属被具有一定质量、面积的钝性物体砸压头部，致颅脑损伤死亡。许某被公安机关抓获归案。法院审理认为，许某因琐事故意非法剥夺他人生命，致人死亡，其行为已构成故意杀人罪，许某作案后能够抢救被害人，判处死刑缓期二年执行。

4. 民间矛盾激化引发

最高人民法院 2010 年《关于贯彻宽严相济刑事政策的若干意见》规定："对于因恋爱、婚姻、家庭、邻里纠纷等民间矛盾激化引发的犯罪，因劳动纠纷、管理失当等原因引发、犯罪动机不属恶劣的犯罪，因被害方过错或者基于义愤引发的或者具有防卫因素的突发性犯罪，应酌情从宽处罚。"在该类故意杀人犯罪中，犯罪人与被害人往往有着比较亲近或者熟悉的关系，或者事出有因，虽然可能造成严重的伤亡后果，但犯罪人的主观恶性和人身危险性一般并不是极其严重，对这类犯罪一般应特别慎重考虑是否适用死刑。例如，孙某与李某结婚后感情不和经常吵架，某日二人在家中又发生矛盾，孙某遂趁李某醉酒之机向食物中投入安眠药让其吃下，并在李某熟睡后采用勒脖颈等手段，致李某机械性窒息死亡。待李某死亡后，孙某持菜刀将尸体分割，并装箱打包抛弃。法院审理认为，孙某无视法律，因家庭矛盾故意非法剥夺他人生命，致人死亡，其行为已构成故意杀人罪，鉴于本案系因婚姻家庭矛盾引发，孙某认罪态度较好，故可对孙某判处死刑缓期二年执行。

5. 激情犯罪

激情犯罪是行为人在强烈而短暂的激情推动下实施的暴发性、冲动性犯罪。在激情状态之下，犯罪人的认识范围狭窄，分析判断问题的能力受到抑制，自我控制能力减弱，从而和预谋犯罪存在主观恶性上的差别。例如，杜某因婚外情被其妻发现而与其妻发生争执。在被围观群众包某指责并殴打后，杜某临时购买菜刀，并持刀猛砍包的头部两刀，致包某倒地，后杜某再次持刀猛砍包某的颈部一刀，致包某死亡。法院审理认为，杜某系激情杀人，最终判处死刑缓期二年执行。

6. 被害人明显过错

被害人过错是指被害人出于故意或者过失，侵害他人合法权益，诱发他人的犯罪意识，激化犯罪人的犯罪程度，因而直接影响被告人刑事责任的行为。[①] 1999 年《全国法院维护农村稳定刑事审判工作座谈会纪要》在"关于故意杀人、故意伤害案件"部分明确提到："对于被害人一方有明显过错或对矛盾激化负有直接责任，或者被告人有法定从轻处罚情节的，一般不应判处死刑立即执行。"例如，王某之父长期实施家庭暴力，后王某因不满其父酒后再次于家中施暴，遂找其父理论，后二人发生争执，王某持事先准备的木棍猛击其父的头部等处数下，致其父急性颅脑损伤死亡，王某作案后向公安机关投案。法院审理认为，王某不能正确处理家庭纠纷，故意非法剥夺其父的生命，其行为已构成故意杀人罪，但该案系因家庭矛盾激化而引发，王某具有自首情节，且已有证据证实被害人长期实施家庭暴力，案发当日又在家中施暴，被害人的不当行为是诱发本案的直接原因，其在案件的起因上存在一定过错，故最终判处王某有期徒刑十年。

---

① 参见阴建峰：《故意杀人罪死刑司法控制论纲》，载《政治与法律》2008 年第 11 期。

广西检察机关
执行非法证据排除规则情况调查报告

苏金基 林海萍[*]

为全面了解广西检察机关执行非法证据排除规则的情况，2014年8月，广西壮族自治区人民检察院法律政策研究室通过下发调研通知、实地走访、召开座谈会等方式对广西检察机关贯彻执行非法证据排除规则的情况开展了专题调研。

一、广西检察机关执行非法证据排除规则的基本情况

（一）基本情况

2010年7月1日最高人民法院、最高人民检察院、公安部、国家安全部、司法部发布了《关于办理死刑案件审查判断证据若干问题的规定》和《关于办理刑事案件排除非法证据若干问题的规定》，广西检察机关严格依法排除非法证据，及时纠正侦查机关的非法取证行为，尤其是2013年修改后刑事诉讼法实施后，进一步强化人权保障和程序正义意识，不断完善证据审查工作机制，有效地提升了案件质量和司法水平，强化了法律监督。2013年，共受理对非法证据提出申请的案件39件；因非法证据排除问题启动庭前会议的案件24件；庭前会议排除非法证据的案件9件；庭前启动专门调查程序的案件7件；排除非法证据的案件14件；因排除非法证据减少认定犯罪事实的案件7件。2013年，全区检察机关经调查核实后对确有以非法方式收集证据的情况提出纠正37人次，要求公安机关对证据收集的合法性作出说明29次，纠正率100%。

（二）主要做法

广西检察机关严格按照法律的规定，坚决执行非法证据排除规则，严把案件"证据关"，主要做法有：

1. 强化工作措施，提升非法证据发现能力。一是细化阅卷工作，将阅卷作为发现非法证据的重要方式。通过审查案卷，关注各类证据生成的程序瑕疵，相互矛盾的证据，前后不一的供述、证言和陈述，以及侦查机关及侦查人员有关取证的书面说明、破案报告等，捕捉以非法方法收集证据的信息。二是强化对同步录音录像的审查工作。注意从录音录像所反映的嫌疑人的神情、精神状态、回答的内容来审查是否存在非法获取笔录的情况，以及侦查人员是否对嫌疑人的回答内容作了背离其回答本意的记录的情况。三是依法开展讯问犯罪嫌疑人工作，及时开展证据调查核实。承办人在讯问犯罪嫌疑人时，针对侦查人员是否以刑讯逼供等非法方法收集证据进行讯问，对于犯罪嫌疑人提出的有关非法证据线索详细讯问、记录在案，并及时开展调查。四是注重复核关键证据。对于直接影响定罪量刑和指控证据体系构建的证人、被害人的言词证据，关注原证言或陈述形成的时间、地点、环境、背景，从中发现可能

---

[*] 作者单位：广西壮族自治区人民检察院。

存在的非法取证现象。

2. 完善工作制度和机制，构建非法证据的防范体系。一是完善相关制度，严格规范检察机关自身司法行为。广西壮族自治区人民检察院出台了《广西检察机关反贪污贿赂工作办案规范六十条》、《广西检察机关公诉部门审查死刑案件证据的参考意见》等。严格落实和全面推行讯问职务犯罪嫌疑人全程同步录音录像制度，对每一次讯问实行全过程不间断录音录像，同时实行看审分离、审录分离制度，在职务犯罪案件提请逮捕、移送审查起诉时同时移送录音录像资料，从源头上有效防止自侦案件中非法取证行为的发生。二是完善检察机关提前介入引导侦查机制，防范非法证据进入审查逮捕、起诉阶段。通过派员参加侦查机关对重大案件的讨论，提前介入侦查，对侦查机关的侦查活动和搜集到的证据进行初步了解，对其明显违反程序的取证工作及时提出纠正和补正意见，促其及早排除非法证据，并采取措施有效弥补瑕疵证据。三是完善检察机关内部机构的信息衔接机制。加强侦监、公诉、自侦、控申和刑事执行检察部门之间的信息沟通，及时了解掌握相关问题，增加发现非法证据的渠道，提前实施防范对策。四是完善检察机关与诉讼参与人、辩护人的交流机制。充分发挥捕前依法讯问犯罪嫌疑人、听取律师意见在防范非法证据、发现监督线索方面的作用，2013 年以来在审查逮捕阶段共听取律师等辩护人意见 100 件 147 人。同时，加强与被告人的辩护人、被告人的家属以及其他利害关系人的沟通与交流，及时发现非法证据线索。

3. 注重岗位练兵，提升检察人员对非法证据的调查核实能力。广西检察机关注重在办案实践中积累工作经验，强化法律监督能力。根据非法证据线索的不同分别展开调查：一是询问被害人，通过被害人对受害时间、地点、过程、情节、后果的陈述，进一步甄别非法取证行为是否存在；二是调取相关书面资料和视听资料，如在羁押场所的犯罪嫌疑人入监、体检、提讯、看守所干警和驻所检察人员与在押人员的谈话记录、日志、监控视频等资料；三是向相关知情人了解，如羁押场所干警、负责同步录音录像的工作人员、犯罪嫌疑人的辩护律师、犯罪嫌疑人的同监人员及其他知情人；四是进行伤情检查鉴定和现场调查，针对疑似刑讯逼供或暴力威胁取证所留下的伤痕，及时进行现场调查，通过照相或摄影固定证据；五是直接询问涉嫌以非法方法收集证据的行为人或违法讯问、询问和严重违法实施侦查措施的人员；六是讯问犯罪嫌疑人，并听取辩护律师的意见；七是对收集物证、书证不符合法定程序，可能严重影响司法公正的，要求侦查机关予以补正或者作出合理解释，不能补正或者作出合理解释的，对该证据予以排除，不作为批准逮捕、提起公诉的依据。同时，公诉部门在对非法证据进行排除的过程中注重完善指控证据，有效地避免了非法证据被排除后仍应提起公诉的案件面临"证据不充分"或"举证不能"的风险。

二、开展非法证据排除工作中存在的困难和问题

（一）非法证据发现难、调查难

当前，广西检察机关派驻看守所检察室已实现与看守所的监控联网，犯罪嫌疑人被拘留、逮捕以后，侦查人员在看守所讯问室内对犯罪嫌疑人进行刑讯逼供的现象已经基本杜绝。非法证据易发多发的阶段主要集中在：一是犯罪嫌疑人被送交看守所羁押前的留置盘问阶段，

有的侦查机关在拘留或者逮捕犯罪嫌疑人后不立即送看守所羁押，而是继续把犯罪嫌疑人"放"在派出所或其他"办案点"；二是有的侦查机关在将犯罪嫌疑人拘留、逮捕并羁押到看守所以后，以"辨认""起赃"等各种理由将犯罪嫌疑人提押出所进行讯问；三是羁押期间侦查机关利用"狱侦耳目"对犯罪嫌疑人采取威逼、利诱手段取得相关"供述"；四是对于采取指定居所监视居住强制措施的，办案单位可能将居所异化为办案区或看守所，进行讯问取证。这四种情形脱离了看守所的监管，也脱离了检察机关的监督，导致检察机关难以发现非法证据的线索。

（二）证据合法性证明举证难

检察机关承担着证明证据合法性的责任，当前举证工作主要面临以下问题：一是公、检、法三机关对证据标准的理解存在差异。2013年，广西检察机关公诉部门一次退回补充侦查案件10352件，占受理案件数的28.2%；二次退回补充侦查案件3567件，占受理案件数的9.7%；因证据不足作存疑不起诉466人，与2012年同期相比上升79.2%。2013年，有27件案件因法院以事实不清、证据不足为由拟判无罪而作撤回起诉处理。二是证明证据合法性的方式比较单一，多为出示侦查人员的"办案说明"、被告人出入看守所体检记录等书面材料，以此证明取证合法性的证明力还有所欠缺。比如，一些公安机关仍坚持采用出具书面"办案说明"的做法来取代侦查人员出庭作证；一些公安机关未能按照修改后的刑事诉讼法的要求制作同步录音录像，有的以设备安装未完成、设备损坏为由拒绝提供同步录音录像，有的提供的录音录像图像、音质不清或录制过程不完整；一些

公安机关不愿意提供用技术侦查措施获取的证据，靠技术侦查手段获取的线索也多以"匿名群众来电举报"作为案件来源情况说明，导致部分靠技术侦查手段破获的假币犯罪和毒品犯罪案件证据相对薄弱。三是证人保护制度的不完善导致证人不愿出庭作证。四是侦查人员出庭作证存在障碍，相关机制尚未有效建立健全。这些都削弱了检察机关举证证明证据合法性的效果。

（三）部分检察人员对证据合法性的证明能力还待进一步提高

非法证据排除规则对检察人员的素质能力提出了更高要求。一些检察人员满足于对侦查机关所收集证据的分析，指导取证的意识不强，过分依赖退回补充侦查的取证手段，致使案件取证不及时、不充分，证据薄弱。一些公诉人对出庭的侦查人员发问经验不足，出庭准备欠充分；而一些侦查人员由于缺乏出庭经验，在面对被告人的辩解或辩护人突如其来的提问时，不善应对，导致出庭作证效果不佳。

（四）庭前会议制度未得到充分利用

修改后刑事诉讼法第一百八十二条第二款规定："在开庭以前，审判人员可以召集公诉人、当事人和辩护人、诉讼代理人，对回避、出庭证人名单、非法证据排除等与审判相关的问题，了解情况，听取意见。" 2013年，广西检察机关派公诉人参加庭前会议1000件次，但因非法证据排除问题启动庭前会议的案件数极少，2010年来仅有24件。同时，各地参加庭前会议工作开展不平衡，贺州市两级检察院参加庭前会议的案件数占受理案件总数的24.18%，而一些市级检察院完全没有开展此项工作。该项制度未得到充分利用，既有法律规定不完善，

缺乏规范的操作程序，会议作用、性质不明等因素，也因为一些辩护人更乐于在庭上展示"辩护技巧"而不愿在庭前会议上交换意见，直至在开庭审理中才提出证据合法性的异议。

（五）对非法证据排除的程序和标准有较大争议

修改后刑事诉讼法及相关司法解释规定了对非法证据的处理原则、排除非法证据的基本程序等，但在实践中对非法证据的认定标准、非法证据排除的操作程序仍存在认识不统一、把握不准的现象。如对"刑讯逼供等非法方法"所要求的暴力程度、"暴力、威胁"的内容和程度，以及对"冻、饿、晒、烤、疲劳审讯的方式"取得的犯罪嫌疑人供述如何认定，把握不准，认识不统一；对根据非法证据收集得来的证据是否排除、对被排除的非法证据是否应当随案移送以及对"采取威胁、引诱、欺骗方法收集的犯罪嫌疑人、被告人供述"与讯问技巧、审讯谋略的边界等把握不准。

三、进一步贯彻执行非法证据排除规则的建议

（一）牢固树立证据意识，坚持疑罪从无

牢固树立依法打击犯罪与保障人权并重、实体与程序并重的司法观念，牢固树立主动排除非法证据的意识，加强执行非法证据排除规则的积极性、主动性。完善对办案工作质量和效率的考核评价体系，避免办案人员在打击犯罪与考核需求、执法需求与考核目标之间取舍，真正做到严格、公正、文明司法。

（二）提高检察人员对证据的审查、举证能力

一是加大培训力度，拓宽检察人员对财务、金融、计算机等涉案行业的知识面，提高检察人员对证据的审查判断能力与水平。二是加强审查逮捕和审查起诉环节对证据合法性的审查，尽量避免非法证据进入庭审阶段，以更好地达到排除非法证据的预期效果。三是提高出庭举证能力。针对出庭举证难度加大的特点，预设各种复杂多变的庭审情况，提前做好应对策略，重视被告人的辩解，积极听取辩护律师的辩护意见，对被告人以及辩护人提出应当排除的非法证据，事先认真审查并依法处理。

（三）明确非法证据排除的程序、标准和范围

1. 完善排除非法证据的程序。一是确立非法证据排除的权利告知程序，明确申请排除非法证据的权利及权利行使的要求、途径等。二是明确非法证据排除的启动程序。承办人在审查逮捕、审查起诉中发现非法证据时可主动启动非法证据排除程序，也可由检察机关依据犯罪嫌疑人或被害人、证人的申请而启动非法证据排除程序。三是确立非法证据排除的调查核实程序，明确由承担诉讼职能的部门同时承担相应环节的非法证据调查核实职能；明确调查核实的范围，该范围涵盖所有非法取证行为的线索，包括涉嫌犯罪的线索和涉嫌一般违法的线索；明确调查核实的手段，包括调取同步录音录像、调取犯罪嫌疑人在看守所的健康检查记录或对其进行人身检查、要求侦查机关说明情况、询问侦查人员等。四是明确非法证据排除的决定程序。检察机关审查后确认证据为非法取得或有非法取证嫌疑的，根据下列不同情况分别作出决定：证据被确认为非法证据，但案件还有其他证据予以证实，不影响定性的，

案件承办人可以直接排除该证据，不作为定案依据；若排除该证据影响案件定性或起诉质量的，应当由案件承办人提出意见，经部门讨论，再报分管检察长作出是否排除的决定；对于证据是否非法取得争议性大且影响案件定性的，应当提交检察委员会讨论决定是否排除该证据。五是确立非法证据排除后的救济程序。检察机关应当在作出非法证据排除决定或不排除决定后，告知侦查机关（部门）、犯罪嫌疑人、被害人如何行使救济权。

2. 明确非法证据的有关标准。一是对修改后刑事诉讼法第五十四条，"采用刑讯逼供等非法方法收集的犯罪嫌疑人、被告人供述和采用暴力、威胁等非法方法收集的证人证言、被害人陈述，应当予以排除"规定中的"等非法方法"进一步释明，建议对"冻、饿、晒、烤、疲劳审讯的方式"的违法手段达到何种程度即予以排除作出相应的规定。二是对"采取威胁、引诱、欺骗方法收集的犯罪嫌疑人、被告人供述"中的"威胁、引诱、欺骗方法"进一步释明，明确"威胁、引诱、欺骗方法"与合理范围内的侦查手段的界限，对威胁、引诱、欺骗的容许，应当遵循法定、真实和合理性原则，以不违反犯罪嫌疑人在供述时的意志自由，不影响供述的真实性为限度。

3. 科学界定非法证据排除的范围。一是除对于采取刑讯逼供等非法方法收集的证据应当实行绝对排除外，对于那些严重侵犯被追诉人基本人权、在程序上不人道或者容易诱发虚假证据的取证手段，如药物审讯、催眠审讯、侦查机关通过非法监听获取被追诉人的自白等，都应当纳入绝对排除范畴。二是除对于严重违反法律规定收集的物证、书证应当实行裁量排

除外，对于勘验、检查、辨认、侦查实验等笔录和视听资料、电子数据也应当实行裁量排除，以避免司法实践中出现侦查人员违反法定程序收集这些实物证据的情况。三是实行裁量排除应考虑的因素，应当包括：违反程序的主观恶性、违法性的严重程度、违反法定程序与证据间的因果关系、违反法定程序的频率等。

（四）完善执行非法证据排除规则的有关工作机制

1. 完善对侦查活动的监督机制。强化对侦查人员在讯问犯罪嫌疑人时的录音录像的监督，严格执行修改后刑事诉讼法第一百二十一条的规定，对于违反规定的录音或者录像行为要及时纠正，同时通报给办案机关。强化对侦查机关临时外提行为的检察监督，从事前审批、事中通报、事后检察等多个环节来全面加强监督。刑事执行检察部门发现侦查活动有刑讯逼供行为，可能涉嫌职务犯罪的，应及时对刑讯逼供情形制作笔录，移送本院控告申诉部门由其移送反渎部门，或直接将材料移送反渎部门。

2. 完善检察机关与侦查机关的沟通协调机制。进一步协调检察机关与侦查机关在执法标准理解上的差异，引导侦查机关、侦查人员转变以破案为核心的工作思维，引导侦查人员正确把握证据标准，加强对有效证明犯罪重要性的认识，提高侦查质量，减小侦查效果与修改后的刑事诉讼法规定的证据标准之间的差距。进一步完善检察机关提前介入引导侦查机制，引导规范取证，有效防范非法证据。进一步加强检察机关与侦查机关技术侦查取证的配合协作与监督，提高技术侦查措施获取证据的转化与使用。

3. 畅通对非法取证行为的控告申诉机制。

落实检察信箱进监室制度，畅通被监管人直接向检察机关进行控告、申诉、举报的途径。建立健全检察官约谈制度，被监管人可以随时将填写好的约见卡投放到检察信箱中，派驻检察室收到被监管人约谈检察官的诉求后，及时派员与其会面了解情况。开展对看守所在押人员的问卷调查，向看守所在押人员定期发放"合法权益保障情况调查表"，发放含有体表是否有伤、是否要求约见驻所检察官等内容的问卷调查表，由在押人员当场填写后收回。

4.加强检察机关内设机构的协调配合机制。进一步完善本院侦查监督、公诉、刑事执行、反渎职侵权等部门在押人员重要信息通报制度和案件线索移送制度，形成监督合力，共同做好预防和纠正非法证据。刑事执行检察部门在工作中发现可能启动非法证据排除的违法侦查取证行为的，应及时通报给侦查监督和公诉部门，对侦查机关涉嫌刑讯逼供、暴力取证、滥用职权等职务犯罪案件线索的，及时移送反渎职侵权部门进一步调查处理。

5.建立侦查人员出庭作证协调机制。建立完善与侦查人员事先沟通、事中配合、事后反馈的协调沟通机制。出庭作证之前，公诉人通过庭外调查仍无法排除证据合法性合理怀疑的，要积极主动和侦查人员沟通，告知侦查人员出庭作证的重要性和必要性，预测被告人和辩护人可能提出的问题，协助其做好应对准备；出庭作证过程中，公诉人的询问与侦查人员的陈述要互相配合，实事求是、清晰明了地将侦查的程序合法性、手段正当性和手续完备性展现出来，同时注意保护侦查人员的个人尊严和职业秘密。

（五）完善其他相关法律制度

完善相关法律规定，一是进一步扩大同步录音录像的使用范围，以遏制实践中在将犯罪嫌疑人押送前往侦查机关的路途中或在将其带出羁押地进行辨认、搜查、现场勘查等侦查活动的过程中进行逼供等非法取证的现象；同时，规范录音录像的制作、保存、使用和移送流程，防止录音录像被人为改动，严格实行讯问人员与录制人员分离，录音录像经侦查人员和相对人签字确认后，制作复制件，当场对原件进行封存，复制件随案移送。对拒不提供或提供不完整同步录音录像的法律后果予以明确。建立健全可能判处无期徒刑、死刑及其他重大犯罪案件同步录音录像全部移送审查制度。二是逐步建立重大敏感案件录音录像讯问时律师在场制度，以便律师及时有效地发现和制止非法取证，对侦讯人员的非法行为及时进行控告，并在法庭查明侦讯人员有无非法取证时充当证人。三是建立庭前会议裁判证据资格制度。为明确庭审的重点和焦点，建议将排除非法证据、确定证据资格作为庭前会议的主要内容。

湖南省检察机关办理自侦案件
适用指定居所监视居住调研报告

湖南省人民检察院法律政策研究室

作为 2012 年修改后刑事诉讼法的一个重要内容，指定居所监视居住自法律修改之日起就成为社会各界关注的焦点。2013 年 1 月 1 日，新刑事诉讼法实施以来，湖南省各级检察机关积极探索适用指定居所监视居住工作机制，2014 年 1 月印发了《湖南省检察机关查办职务犯罪案件适用指定居所监视居住措施应注意的有关事项》，对该项工作提出了规范性要求。经过近两年的实践，积累了一些经验，也发现了一些新的问题。最近，湖南省人民检察院法律政策研究室组成调研组通过座谈讨论和查阅相关资料，对实践状况及存在的问题进行了分析与思考，提出了相应对策建议。

一、适用指定居所监视居住基本情况

自 2013 年 1 月 1 日新刑事诉讼法实施到 2014 年 10 月底，湖南省检察机关适用指定居所监视居住对象共 428 人，其中反贪部门 353 人，反渎部门 75 人。主要有以下特点：

（一）总体上适用率低，各地不平衡

新刑事诉讼法实施以前，由于法律规定的监视居住与取保候审的适用范围和条件是一样的，而监视居住耗费的成本相对于取保候审而言更高，因此监视居住在司法实践中适用率远远低于取保候审，甚至很少被运用。新刑事诉讼法实施以后，截至 2014 年 10 月底，湖南省检察机关反贪部门共办理指定居所监视居住对象 353 人，占同期反贪部门立案 2306 人的 15.3%；湖南省检察机关反渎部门共办理指定居所监视居住对象 75 人，占同期反渎部门立案 1036 人的 7.2%。从分布情况看，各地区反贪部门都适用了该强制措施，使用较多的有岳阳 45 人、张家界 38 人，较少的是永州 4 人、湘西 1 人；反渎部门除益阳、娄底、湘西地区外，也都适用了该强制措施。在适用指定居所监视居住时，各地均有意加以控制，原因有三个方面：一是很多地方对新制度的实施还在探索经验，没有全面推开；二是担心出现安全事故，不敢用；三是认为指定居所监视居住是双刃剑，适用不当可能会侵犯人权。

（二）犯罪性质主要为贿赂犯罪

湖南省检察机关办理的指定居所监视居住案件，其中有 235 起是贿赂犯罪，只有 16 起是贪污犯罪。从涉嫌罪名看，对涉嫌行贿罪适用指定居所监视居住的共 136 人，对涉嫌受贿罪适用指定居所监视居住的共 85 人。

（三）主要适用于重大复杂案件，适用时间长短不一

指定居所监视居住强制措施主要适用于两种情况：一是案情复杂，核证难度大、短时间

拿不下来的案件；二是要深挖窝案、串案的重大案件。采取指定居所的时间长短，因案而异。以怀化为例，指定居所监视居住案件最短的 15 天，最长的达 120 天，每案平均用时 50 天。

（四）执行地点、监视方式多种多样

在指定居所监视居住地点的选择上，大部分由检察机关与公安机关协商确定，主要有五种情况：一是在公安机关指定的监视居住点执行，如衡阳；二是在纪委办案点执行，如长沙；三是在廉政反腐教育基地执行，如株洲、岳阳等地；四是在改造后的宾馆执行，这种情况最多；五是在其他地方执行。在执行过程中，所有案件大都采用专人、全程看护方式，辅助以电子监控手段；监视主体，有的以公安人员为主，有的由公安机关派员宣布或者出示执行手续，但其并不全程派员参与执行，而是由检察机关派出法警主要协助执行，仅有个别案件由公安机关单独执行。

（五）执行的投入大、成本高

有的市级院指定居所监视居住地点设在市廉政反腐教育基地或宾馆改造后的场所，投入大量的人力、物力和财力，成本高、费用多。在人力成本投入方面，1 名犯罪嫌疑人需要投入 10 名以上的办案人手，对其进行全天候看护，防止发生安全事故。除此之外，还包括食宿、设备等各种费用。因此，采用指定居所监视居住时间越长，案件成本越大。在此过程中，是否在专门的办案基地，是影响成本的重要因素之一。以怀化市人民检察院为例，由于实行集约化管理，在该院的办案基地适用指定居所监视居住措施，每案的平均成本是 3 万元。相反，没有专门办案基地的检察机关，适用指定居所

监视居住案件的成本在每案 10 万—20 万元，两者相差很大。昂贵的办案费用成为一些地方使用指定居所监视居住措施的主要障碍，一些检察长坦言"用不起"。

二、适用指定居所监视居住存在的问题

调研发现，各地在适用指定居所监视居住的过程中，一些问题和矛盾逐渐凸显，不同程度地影响了指定居所监视居住实施的效果，需要引起高度重视，采取有力措施加以解决。

（一）指定居所监视居住的适用范围被扩大和滥用

主要表现为以下几种情形：一是有些涉嫌贿赂犯罪的案情并非特别重大，也不存在同案犯潜逃、转移、隐匿、销毁证据等法定情形，甚至有些贿赂案件的犯罪嫌疑人主动投案自首，只是为了深挖案源而适用指定居所监视居住。二是犯罪嫌疑人涉嫌贿赂犯罪，符合逮捕条件，办案单位为了获得较长的办案时间（法定最长期限为 6 个月），以办案需要、在其住处执行有碍侦查为由而采取指定居所监视居住。三是已有部分证据证明犯罪嫌疑人涉嫌犯罪，但无嫌疑人口供，案件没有突破，为了获取犯罪嫌疑人口供而采取指定居所监视居住。四是犯罪嫌疑人拒不承认犯罪事实，态度强硬，定罪证据不充分，尚不足以决定拘留或批捕的案件。这种情形，越来越普遍存在于检察机关查办贪污、贿赂、滥用职权等案件中。

（二）对指定居所是否合法难以把握

一是对"无固定住处"难以准确界定。监视居住应当在犯罪嫌疑人、被告人的住处执行；无固定住处的，可以在指定的居所执行。然而什么情况下犯罪嫌疑人、被告人能够被视为"无固定住处"，法律规定不明确。二是对指定的

居所是否合法难以掌握。将以前的办案用房或者其他临时用房、宾馆改为指定居所监视居住的地点或者把纪委办案点、纪委廉政警示教育基地作为指定居所监视居住的地点，是否违背刑事诉讼法第七十三条第一款的规定，需要法律明确规定。

（三）执行监督机制不完善，实效不明显

《人民检察院刑事诉讼规则（试行）》（以下简称《刑事诉讼规则》）第一百一十八条规定："对于下级人民检察院报请指定居所监视居住的案件，由上一级人民检察院侦查监督部门依法对决定是否合法进行监督。"第一百二十条规定："人民检察院监所检察部门依法对指定居所监视居住的执行活动是否合法实行监督。"然而，在司法实践中，这种监督往往软弱无力，在很大程度上基本依赖监督对象对法律监督的尊重程度。根据《刑事诉讼规则》的规定，当刑事执行检察部门在执行监督过程中发现执行机关的违法情形时，只是提出纠正意见，而检察建议和纠正违法通知书是否被采纳往往取决于被纠正部门的认识态度。再加上侦查保密等方面的因素导致侦查监督部门和刑事执行检察部门很难及时参与到对指定居所监视居住的监督中，往往听侦查部门一家之言，这种监督的效果不明显。

（四）指定居所监视居住的安全保障存在诸多隐患

目前，公安机关在监管人员、医生配备、饮食、休息等保障方面没有建立完善的制度。执行人员不明确、不固定，一般由办案部门自行派遣2至3名干警对被监视居住对象进行监管。被监视居住对象的医疗、饮食、休息尚无明确的制度规范，被监视居住对象进入指定居所时未安排体检，监视居住过程中也无医生对其进行日常体检，如遇突发疾病难以及时落实应急措施；被监视居住对象的食物均由当班干警购买提供，存在食品安全隐患。有些地区由于指定居所监视居住案件数量较少，执行机关出于成本考虑未建立专门监视居住场所，通常临时借用某处所作为指定居所。由于场所较为简陋，缺乏硬件设施，导致对被监视居住对象的日常管理无法全程监控，对讯问过程也无法进行全程录音录像，难以保障被监视居住对象的合法权益。

（五）适用指定居所监视居住措施在具体操作上不规范

一是对法律条款的理解不统一。比如，如何理解特别重大贿赂犯罪50万元的规定，有的认为以提请立案数额作为标准；有的认为以立案金额为主，综合考虑举报线索和案件发展前景。在一案多人的情况下，有的认为每个犯罪嫌疑人都必须达到这个数额，有的认为全案达到这个数额即可。又如，如何理解"有重大社会影响"、"涉及国家重大利益"，有的认为应该依据行业而论，有的认为应该依据犯罪主体的身份而论，还有的认为要一案一论。认识不统一导致适用不一致。

二是执行主体、方式不统一。根据《刑事诉讼规则》第一百一十五条规定，人民检察院"应当制作监视居住执行通知书，将有关法律文书和案由、犯罪嫌疑人基本情况材料，送交监视居住地的公安机关执行，必要时人民检察院可以协助公安机关执行"。但在实践中，为了达到合法执行的目的，有的采取由公安机关委托检察机关执行的方式，签订委托执行书；有的邀请公安机关在办案点设置警务室，需要时邀请公安机关参与；有的与公安机关签订协议，以支付报酬的方式购买公安机关执行指定居所监视居住措施这种"服务"。

三是对在指定居所监视居住地点能否讯问犯罪嫌疑人、调取其他证据及其合法性的认识欠统一。有的认为在指定居所监视居住地点讯问犯罪嫌疑人和调取其他证据，监视居住地有变相成为专门办案场所之嫌；有的认为在指定居所监视居住地点不能讯问犯罪嫌疑人以及调取其他证据，必须在检察院讯问室进行。

三、完善指定居所监视居住的建议

为了准确把握指定居所监视居住强制措施的性质与定位，解决好指定居所监视居住的具体适用和实际操作问题，充分发挥检察机关打击特别重大贿赂犯罪的功能，需要建立健全相关工作机制。

（一）坚持适用必要性原则

在指定居所监视居住具体适用中既要保障人权，又要防止放纵犯罪，务必准确把握两者的平衡点，坚持指定居所监视居住适用必要性原则。检察机关在适用指定居所监视居住强制措施时，要基于控制犯罪、保证刑事诉讼活动顺利进行与保障人权的客观需要，充分考虑犯罪嫌疑人、被告人涉嫌犯罪的轻重程度和人身危险性程度等因素，尽可能做到谨慎适用和适度适用，对有必要适用该措施的要规范适用程序和执行方式，尽可能减少和避免对当事人合法权益造成不利影响。

（二）严格审批程序

刑事诉讼法第七十三条明确规定，监视居住的审批主体为办案机关的上级机关。在检察机关，指定居所监视居住的具体承办部门均为职务犯罪侦查部门，考虑到检察权配置的科学性与合理性，建议拟规定指定居所监视居住期限超过一个月的，上一级检察院职务犯罪侦查部门应当会商本院侦查监督部门共同研究决定。但是，仅有这样的规定还不够，应该尽快制定指定居所监视居住审批细则。细则应载明审批部门、专门承办人员、需要上报的案卷等审批材料和具体审批流程等内容。对于基层院报请指定居所监视居住的案件，市级院要派专人认真、全面审查是否符合修改后刑事诉讼法规定的程序和条件，必要时应进行实地考察。市级院需要将本院管辖的案件指定下级院立案侦查的，须严格按照《刑事诉讼规则》第十八条第三款的规定报请省级检察院批准，严禁利用立案下沉等方式规避指定居所监视居住报批程序。

（三）明确指定居所的标准

指定居所监视居住的立法本意是为了便于对犯罪嫌疑人的监管，确保犯罪嫌疑人及时到案，同时不致发生社会危险性。指定居所监视居住的条件，应当包括"便于监视管理"、"符合办案安全要求，防止办案安全事故"、"具备正常的休息和生活条件"等。因此，"指定居所"应当具备以下标准：一是由办案机关建筑、使用和管理的"居所"。二是"居所"的地点应当由公安机关、检察机关共同协商，由省级机关统一规划，选址建造，委托给具体的部门进行日常管理。三是"居所"应基础设施完整，监视设备齐全，有较好的生活和休息条件，但建设规模不宜过大。具体建设中，还要注意资源优化和方便办案，不能离办案工作区过远，造成不便和安全隐患。四是"居所"所需经费由国家财政专项支付，人员由办案机关自行解决。

（四）明确"特别重大贿赂犯罪"的内涵

建议对"特别重大贿赂犯罪"可从以下五个方面进行界定：一是个人涉嫌贿赂犯罪 50 万元以上；二是党政机关、重要职权部门的处级以上领导干部；三是涉案人数 5 人以上；四是情节特别严重的贿赂案件，如强行索取财物，因贿赂行为使国家或社会利益遭受重大损失等情形；五是在一个辖区有重大影响。

（五）通过全程同步录音录像保障办案安全

办案安全重于泰山，对指定居所监视居住对象进行 24 小时全程同步录音录像，是加强安全保障的一项重要措施。一是有利于保证办案的规范性、合法性，防止刑讯逼供等违法行为；二是有利于保证办案人员和被查对象的权利不受侵害；三是有利于保证证据的合法性，不被当作非法证据排除；四是有利于保证办案安全，严防各种不安全事件。同时，在指定居所监视居住中，检察机关侦查、法警、技术部门应加强配合协作，严格实行"审、看、录三分离"规定，技术部门负责对监视居住期间进行全程录音录像，司法警察协助公安机关人员加强监视居住的执行，保证办案安全，侦查人员要加强监视居住的办案保密工作。

（六）切实强化指定居所监视居住的监督制约机制

刑事诉讼法规定，人民检察院对指定居所监视居住的决定和执行是否合法实行监督，但并未明确具体由哪个部门监督、通过何种途径进行监督。对于指定居所监视居住，重点应监督两个环节：一是决定的合法性；二是执行的规范性。

对于指定居所监视居住的决定，侦查监督部门应当介入。上级院侦查部门在收到下级院提请指定居所监视居住报告的同时，应将副本抄送本院侦查监督部门。侦查监督部门应及时向检察长报送意见，使审批与监督同步进行，切实增强监督实效。

在执行环节，应建立指定居所监视居住案件动态跟踪机制，积极行使监督权，通过案件动态跟踪机制了解情况。检察机关了解指定居所监视居住的执行情况，可以采取以下方式：（1）查阅侦查部门提供指定居所监视居住决定书和相关案件材料，审查有关人员提供的证明指定居所监视居住决定存在违法情形的有关证明材料；（2）听取下级人民检察院意见和征求本院侦查部门意见；（3）听取犯罪嫌疑人及其法定代理人、近亲属、辩护律师或者其他有关人员的意见。

关于德州市危害食品药品安全犯罪的调研报告

张利智　陈晓梅[*]

食品药品安全是事关民生的大问题，2014年山东省德州市开展了危害食品药品安全犯罪专项治理活动。为总结规律、有效治理，我们特对近两年来德州市发生的食品药品安全犯罪进行了专题调研。

一、危害食品药品安全犯罪基本情况

2013年1月至2014年12月，德州市共查处危害食品药品安全犯罪74件157人，起诉67件145人。在危害食品药品安全普通刑事犯罪方面，共立查58件128人，其中，受理生产、销售假药罪8件18人，起诉7件13人；生产、销售不符合安全标准的食品罪11件55人，起诉8件52人；生产、销售有毒、有害食品罪39件5人，起诉36件51人。在危害食品药品安全职务犯罪方面，全市共立查16件29人，其中，动植物检疫徇私舞弊罪15件26人，起诉15件26人；放纵制售伪劣商品犯罪行为罪1件3人，起诉1件3人。

二、危害食品药品安全犯罪案件的特点

（一）呈现出"三个集中"

一是犯罪主体集中。2013—2014年两年间全市查处的危害食品药品安全普通刑事犯罪主体多为农民，职务犯罪的主体多为检验检疫人员和农牧管理人员。危害食品药品安全普通刑事犯罪共128人，其中，农民82人，占64.1%；个体劳动者37人，占28.9%；其他身份者9人，占7.0%。危害食品药品安全职务犯罪共29人，其中，检验检疫人员11人，占37.9%；农牧管理人员13人，占44.8%；政府领导2人，占6.9%；食品监管部门3人，占10.3%。二是触犯罪名集中。在危害食品药品安全普通刑事犯罪方面，主要为生产、销售有毒、有害食品罪，生产、销售不符合安全标准的食品罪和生产、销售假药罪；在危害食品药品安全职务犯罪方面，主要为动植物检疫徇私舞弊罪。三是案件来源集中。危害食品药品安全普通刑事犯罪线索多数为公安机关自行发现或经举报发现，食品安全监督部门、检验检疫部门、农牧管理部门等行政执法机关移送的为9件，仅占15.5%。

（二）跨区域联合作案特点明显

危害食品药品安全普通刑事犯罪已由原来的"夫妻档"日益发展为分工明确、跨区域协同作案的犯罪网络，在假劣食品、药品的生产、仓储、销售、运输等环节中相互配合，形成产供销跨区域一条龙的犯罪链条。近两年来危害食品药品安全普通刑事犯罪跨县作案的39人，占总数的30.5%，共同犯罪人数最多的达到9人。如在王某生、王某瑞等生产、销售假药案中，河北省沧州市的王某生伙同老乡吴某一起

＊作者单位：山东省德州市人民检察院。

销售假药"正宗平息散"，王某生负责在宁津县销售，并且由沧州市的王某才提供给王某生购买真正平息散的用户信息，由宁津县邮局的王某瑞利用工作便利对外邮寄假药，形成跨区域销售网络。

（三）犯罪具有隐秘性

一是生产地点隐秘。为了逃避监管，犯罪分子将生产假劣药品或有毒有害食品的地点多选择在农村、城乡结合部等监管薄弱区域，导致此类犯罪往往持续很长时间才被发现。二是造假手段隐秘。食品、药品的辨别、检测本身就具有专业性和技术性，一些犯罪分子往往利用这点来逃脱检查。如通过非法渠道购买正规药品的包装用于制售假药或者假冒进口药品进行销售，通过将不常用的违禁物质添加到食品、药品中，逃避日常监管。而像"毒豆芽"这种有毒有害的食品，消费者在购买时则很难分辨出是否含有有毒成分。三是销售手段隐秘。随着网络销售和物流的快速发展，一些犯罪分子利用网络、快递等渠道销售假劣食品药品，作案手段隐秘。

（四）刑罚判决较轻

根据刑法规定，构成危害食品药品安全犯罪的，一般处三或五年以下有期徒刑，并处罚金。2013—2014年两年间，全市因危害食品药品安全普通刑事犯罪共判决100人，其中，被判处拘役或拘役宣告缓刑的3人，被判处三年以下有期徒刑并处罚金的34人，被判处三年以下有期徒刑宣告缓刑并处罚金的52人，被判处三年有期徒刑宣告缓刑的6人，被判处三年以上十年以下有期徒刑并处罚金的3人，被判处十年以上有期徒刑并处罚金的1人，被单处罚金的1人。两年间，全市因动植物检疫徇私舞弊罪共

判处26人，其中，被免予刑事处罚的13人，被判处拘役或拘役宣告缓刑的12人，被判处一年有期徒刑宣告缓刑的1人。从数据分析可以看出，对危害食品药品安全犯罪，判处三年以下有期徒刑宣告缓期并处罚金的较多，判处实刑的较少，刑罚一般较轻。

（五）犯罪影响不可估量

危害食品药品安全犯罪存在侵害对象广、持续时间长的特点，加之假劣药品或有毒有害食品摄入后对人体健康造成的危害不能即刻显现，往往某一种有毒物质积累到一定数量才导致病变，因此危害后果不可估量。如杨某滨从2000年起就在生产过程中向豆芽中添加禁止添加的无根豆芽素，至2013年9月被抓获，已生产并销售有毒豆芽16万余斤，造成的恶劣影响不可估量。

三、危害食品药品安全犯罪频发的原因

（一）监管措施的"无力"

一是源头治理不力。无根豆芽素、增白剂、瘦肉精、保鲜上色的松香、硫黄等都能从市场上轻易买到，而且有的销售商还推荐、介绍使用。二是监管配备不足。基层监管人员少、专业结构不合理，难以达到对农村和城乡结合部监管的全覆盖。配备的检测设备仅能快速检测农药成分，不能定性定量查验其他有毒有害物质，需送外地专门机构检验分析。三是监管人员徇私舞弊。在危害食品药品安全犯罪案件中，负责监管的检验检疫人员和农牧管理人员的徇私舞弊成为助长危害食品药品安全犯罪不可忽视的因素。

（二）犯罪行为人的"无良"

在金钱和利益的诱惑下，许多不法商贩逐渐丧失了基本的道德准则，只想着在经营中如

何一夜暴富，如何一本万利，进而将一些非法添加、偷梁换柱的做法视为整个行业的潜规则和公开的秘密大力推广。某些食品药品监管人员也随波逐流，忘却了本身的监管职责，徇私舞弊，将手中的权力当成在追逐金钱的浪潮中"分一杯羹"的砝码。

（三）消费者的"无语"

一是很多消费者仍然抱着"多一事不如少一事"的观念，即使发现很多非法屠宰点或造假添毒作坊，也害怕打击报复而不举报，导致很多在农村或城乡结合部生产销售假劣药品或有毒有害食品的犯罪行为长期未被查处。二是2011年颁发的《食品药品投诉举报管理办法》中要求举报一般应有"明确的投诉举报对象及违法行为"，而目前食品药品检测机构一般不受理个人委托事项，即使受理检测费用也很高昂，消费者很少有人愿意在举证方面花费时间、精力、财力。

（四）司法治理的"无助"

一是行刑衔接不通。食品药品监管部门向公安机关移送追刑的案件和线索较少，2013—2014年，德州市查处的食品药品犯罪案件经食品药品监管部门移送的8件9人，仅占该类犯罪的17.0%、8.0%，反映出行政执法与刑事司法程序之间存在严重断层。而且"以罚代刑，降格处理"的情况仍然存在，部分监管人员对一些达到追刑标准的案件只作行政处罚而不移送公安机关，以罚代刑。二是食品药品犯罪的证据收集难。危害食品药品安全犯罪案件中绝大部分犯罪分子没有正规的生产、销售记录，司法实践中对已售食品、药品的数量和金额难以准确认定，只能根据现场查获的未销售的食品、药品情况来加以认定，一定程度上影响对犯罪

分子的量刑和对违法所得的认定与追缴。三是司法认定难。检材是司法鉴定的基础，而危害食品药品安全犯罪案件中的检材很多以新鲜物品形式存在，具备易腐烂、难选材的特点，如果选取的检材不准确将可能颠覆整个案件事实。

四、预防危害食品药品安全犯罪频发的对策

（一）培育诚信环境，肃清犯罪源头

要加紧建立生产经营者是食品药品安全第一责任人的有效机制，不断提高食品药品的源头质量。同时，加强诚信体系建设，探索建立食品药品生产、销售信用信息收集、发布、共享和查询平台，完善信用等级评定机制。加大失信惩戒力度，在行业准入上严格把关，对造成重大社会危害的企业和个人实行行业驱逐，使无信者无处立足。

（二）提高监管效能，扼住犯罪萌芽

食品药品监管部门要通过优化监管人员队伍建设、完善基层监管网络和资源投入、整合有效监管资源等解决基层监管薄弱的问题。检察机关要充分发挥检察建议的作用，在对犯罪嫌疑人作出不起诉决定的同时，对应当追究行政责任的，要及时提出检察建议，并跟踪督促检察建议的落实。要针对案件反映出的食品药品安全监管漏洞等问题，及时向有关监管部门发出检察建议。

（三）强化司法治理，提高犯罪成本

一是加大刑罚惩戒力度。我国目前对危害食品药品安全犯罪多处以缓刑或较短刑期的实刑，罚金也多数维持在生产、销售金额的两倍左右，相对于频频发生的食品药品安全问题，我国对危害食品药品安全犯罪采取的处罚程度普遍偏轻，绝大多数集中在自由量刑区间的较低量刑区。建议借鉴域外经验，设置惩罚性条

款，加大对危害食品药品安全犯罪的惩罚力度，增加犯罪成本，有效震慑犯罪。二是积极查办危害食品药品安全职务犯罪案件。危害食品药品安全职务犯罪案件往往和危害食品药品安全普通刑事犯罪案件有密不可分的关系，检察机关要提高发掘危害食品药品安全普通刑事犯罪案件背后职务犯罪的能力，折断危害食品药品安全普通刑事犯罪的羽翼。

（四）建立行刑联动，形成打击犯罪合力

食品药品监管部门在监管过程中可以结合案件特点，邀请公安机关配合介入，并且定期或者不定期向包括检察机关在内的司法机关通报查处食品药品安全违法情况和移送公安机关案件的相关情况。检察机关也应向食品药品监管部门通报涉及危害食品药品安全犯罪的立案监督、批捕和起诉情况。同时，各方还要认真研究解决执法、司法办案过程中的疑难问题，讨论制定危害食品药品安全违法犯罪惩防工作措施，以提高行政执法机关和刑事司法机关的综合办案能力。

（五）探索多元合作，创新犯罪治理

在维护食品药品安全中，中介组织、新闻媒体等均要发挥作用，积极参与，大胆曝光，努力构建食品药品安全多元主体合作治理模式。

关于利用快递物流渠道
实施犯罪情况的调查报告

秦建军　华　艳　刘合臻*

近年来，随着电子商务的迅速发展，网络购物逐渐火爆，进而带动了快递物流业的繁荣，地域间的物资流转也日益频繁。物流业在发挥方便、快捷和高效优势的同时，一些运营管理方面的漏洞也逐渐显现，且极易被犯罪分子利用。利用快递物流渠道实施犯罪，不仅危害人民群众的生命和财产安全，也直接影响市场经济的健康发展，已经成为时下刑事犯罪活动的新动向，亟须引起高度重视。

一、利用快递物流渠道实施犯罪的发案特点

南通市海安县作为苏中最大的物流集散地，近年来物流业发展迅速，全县现有 6500 余家仓储物流企业、70 多家中小型快递物流企业、54 家专业市场，总投资超过 500 亿元。与此同时，利用快递物流渠道实施的犯罪也呈现多发态势。2012 年以来，海安县人民检察院共办理相关案件 37 件 45 人，主要为破坏社会主义市场经济秩序类案件。其中，销售伪劣产品罪 15 件 18 人、虚开增值税发票罪 6 件 8 人、非法经营罪 5 件 6 人、销售假药罪 3 件 4 人、假冒注册商标罪 2 件 3 人、贩卖毒品罪 3 件 3 人、诈骗罪 2 件 2 人、合同诈骗罪 1 件 1 人。经分析发现，此类犯罪主要有以下特点：

一是作案方式较为隐蔽。犯罪分子通过快递物流渠道实施犯罪，实现了"人货分离"，发货人并没有亲自参与到充满风险的运输环节，因此大大降低了被抓捕的可能；赃物、违禁品经过精心伪装，混杂于普通货物中，很难被察觉，隐蔽性极强。经调查发现，在制售假冒伪劣产品犯罪活动中，以快递、物流作为专门运输方式已成为犯罪分子惯用的作案模式。如海安县人民检察院 2012 年办理的朱某某、胡某某等人非法经营案中，犯罪分子在未依法取得经营许可的情况下，将"易瑞沙"、"特罗凯"等药品通过快递运输销售，时间跨度长达 3 年之久，获利高达 240 万元，案发前均未被相关部门发现。

二是涉及违禁物品类案件居多。犯罪分子利用快递物流配送查验门槛低的缺陷，将枪支弹药、毒品等违禁品蒙混过关，并成功配送，快递物流成为运输违禁品的"灰色通道"。在 2012 年以来海安县人民检察院办理的此类案件中，涉及寄运假烟、假药、毒品的案件占 47.4%。以寄运毒品类案件为例，犯罪分子为逃避法律制裁，不再利用人体藏毒等传统运毒方式，而是通过遍布全国的快递物流公司将毒品运送到指定地点。如海安县人民检察院 2013 年办理的杨某、郑某贩卖毒品案，此二人即是通过快递从南京邮寄 4 克冰毒给盐城的买家，买

---

*作者单位：江苏省海安县人民检察院。

家再将购买冰毒的钱款打到其银行账户中，而对于风险最高的运毒中间过程，买家和卖家均未参与。

三是作案经济成本低廉。由于快递企业网点遍布全国各地，违禁品可以通过快递企业的运送网络轻而易举地实现跨省市运输，且物流业通过对相同目的地的多件货物进行批量运输的方式，摊薄了单个货物的运输费用。因此，由物流公司运输，与犯罪分子亲自带货的传统方式相比，犯罪的经济成本明显降低。犯罪分子通过物流运输物品，运费十几元或者几十元，最高也只有几百元，而其获利却数以万计，可以说是一本万利。如海安县人民检察院2012年办理的陈某某生产、销售伪劣产品一案中，陈某某自2010年起，将质量不合格的半成品散装油灌入假冒的昆仑、长城等品牌润滑油的包装桶内，从山东淄博通过物流公司向江苏海安、东台等地发售，运费平均为240元一吨，而其非法获利累计高达160余万元。

四是侦查取证难度较大。快递物流本身具有的"人货分离"特征，使得收件人一旦发现异常，只要不来接货就可逃脱抓捕且不用担心身份暴露，而发件人也只需隐匿一段时间后再更名换姓就能"另起炉灶"，因此很难做到"人赃并获"，给破案带来很大难度。物流业网点众多，使犯罪分子轻松实现了跨区域作案乃至跨省作案，这也使得侦查机关不得不跨省侦查，更加大了侦查工作的难度。以毒品案件为例，因为犯罪分子利用快递运输，毒品并没有随身携带，也不填写真实物品、地址和姓名，因此不容易取证；在案件破获后，准确定性也较为困难，是涉嫌贩卖毒品、运输毒品，还是涉嫌持有毒品，只能根据实际掌握的证据情况来判定。

二、快递物流领域犯罪多发的原因分析

快递公司良莠不齐的发展态势、并不完善的产业链衔接，以及庞大市场需求带来的浮躁竞争态势，导致行业秩序混乱。经调查发现，利用快递物流渠道实施的犯罪之所以易发多发，与当前快递物流管理松懈、行业失范等问题密切相关，主要表现为以下几方面：

一是邮寄物品检测验视不严格，技术难度较大。对邮寄物品检测验视的不到位，客观上为违禁品的流转提供了便利。快递物流公司对托运货物审查不严，尤其是对托运人已包装好的托运货物，往往以托运人自报的货物内容为准，使得收寄验视制度形同虚设，犯罪分子有机可乘，导致大量违禁品被非法托运。从技术层面上看，许多物流企业也没有能力甄别违禁品，如对于毒品、炸药，目前较为便捷的检测方式是通过警犬的嗅觉来进行检查，可是配备警犬对物流企业来说显然比较困难。如海安县人民检察院2013年办理的罗某贩卖毒品案中，罗某事先将麻古、摇头丸装入普通药品的包装袋中密封，然后多次以"钙片"、"保健品"等名义通过快递进行寄送，快递公司收寄时大多没有开封验视，个别快递员工虽然进行了验视，但由于缺乏鉴定能力，也根本无法辨别出是毒品。

二是实名登记制度落实不到位，犯罪分子有恃无恐。快递物流公司不严格核实托运人身份，甚至无须托运人出示身份证件，使得托运人可轻易利用化名或虚假身份办理托运。货单上虽有发货人单位、地址栏，但不强求必须填写，只要有收货人的电话号码，能通知到收货人即可，收货人取货时也无须提交相关证件。正是上述漏洞导致犯罪嫌疑人能够使用假名字、假

地址寄件、收件，或者将犯罪物品伪装成普通物品逃避检查，规避法律风险，从而顺利实施犯罪。如海安县人民检察院2013年办理的郝某某虚开增值税发票案中，郝某某就是通过快递公司将其虚开的票额总计300多万元的增值税专用发票，从山东省高唐县寄给江苏省海安县一家公司。而侦查部门从快递公司调取的快递运单显示，郝某某是以一个虚构的公司名称作为发货单位，根本没有登记其本人真实的身份信息。

三是外部监管力量薄弱，管理亟待加强。近年来，快递市场规模急剧扩张，政府监管力量却没有及时跟上，导致监管捉襟见肘。根据我国邮政法和相关规定，快递业的监管部门包括邮政、工商等。邮政部门负责对快递市场的监管，工商部门负责查处无证、无照、超范围经营等非法经营快递的行为。根据邮政法的规定，快递企业的监管主要由省级邮政部门来进行，区县级的邮政部门对快递企业无监管权，而省级邮政部门相对于区县级邮政部门而言，离快递企业较远，并不能及时掌握快递企业的动态，执法存在一定的盲区。同时，调查中发现，一般省级邮政部门只有几十人，面对雨后春笋般成百上千家快递企业及其加盟连锁门店，监管部门的力量显得十分薄弱。

四是对快递物流企业及其员工的责任追究不到位。在近年来犯罪分子利用快递物流渠道实施犯罪的案件中，涉案快递公司由于存在疏于审查的过失，客观上成了犯罪的"帮凶"。但由于对犯罪活动并不知情，绝大多数快递公司并未因此受到相关的行政处罚，也没有承担任何民事赔偿责任，刑事责任就更加无从追究了。惩戒机制的缺失，责任追究的不到位，使得快递公司本着"利益最大化"的考量，忽视

了物流运输的规范安全，放松了警惕，给犯罪分子利用快递物流渠道实施犯罪提供了可乘之机。

五是相关法规位阶较低，可操作性不强，执行不到位。随着我国物流业的快速发展，物流法律法规的滞后与不完善逐渐凸显出来。迄今为止，我国已经出台了《快递业务操作指导规范》、《寄递渠道治安检查工作规定》、《快递市场管理办法》等相关规范，虽然填补了物流领域的法律空白，但仍不能满足物流业飞速发展的需要。从法律位阶上看，目前我国直接具有可操作性的物流法律法规多由中央各部委或地方政府制定颁布，大多是一些条例、办法、规章等，如《快递市场管理办法》仅是交通运输部出台的部门规章，因此约束力不强，难以有效发挥约束作用。另外，虽然相关法规、规章对各种快递业务作了规定，但在具体运用中缺乏可操作性，对于违反这些规定的企业如何处罚没有具体规定，导致一些快递企业有法不依，不按照规定执行。

三、完善快递物流行业运行和管理的对策建议

为有力打击犯罪分子利用快递物流渠道实施的犯罪行为，规范行业秩序，维护社会稳定，应当从以下方面对快递物流行业的运行和管理加以完善：

一是提升物流运营规范化水平。快递物流企业在收寄物品时，应当严格按照相关规定，要求客户如实填写寄递详情单，核对寄件人及收件人信息，当面验视交寄物品以查验是否为国家禁止或限制寄递物品。对于可疑物品，要求发件人提供个人身份信息，否则有权拒绝承接其业务；发件人变更用户信息的也必须及时

告知，便于公安机关对违法犯罪行为进行调查取证和源头追溯。在收寄物品时应当积极承担安全主体责任，严格履行安全检查义务，将安检作为业务流程的必经程序，实行谁检查、谁签字、谁负责，同时加快高科技安检设备建设，杜绝盲目收发货物，避免快递物流成为违禁品搭便车的通道。

二是完善物流企业内控机制。快递物流企业应当在不断提高服务质量的同时，逐步完善企业管理的内控机制。注重加强自身管理，对员工加强法律法规和违禁品辨识等方面的培训，同时加大对收寄件环节的监控力度，防止出现收寄违禁品的现象。完善物流配套信息系统，对收件、入库、运输、装卸、配送等流通环节的档案资料进行妥善保管，确保全程留痕。在加强货物收检力度的同时，建立内部分析排查机制，对托运中出现的异常情况加强分析研究，完善向司法机关的通报犯罪线索机制。快递行业协会也应充分发挥指导作用，探索并制定行业规范，建立业内竞争自律机制，保障快递物流行业健康稳步发展。

三是强化物流行业外部监管。邮局作为快递公司的直接监管单位，应及时掌握快递公司的动态，严格执行监管规定，真正落实监管职责。公安机关要加大查处力度，实行可疑线索举报制度，要求物流公司一旦发现可疑线索立即举报，搞好行政执法与刑事司法衔接工作，形成打击合力。同时，针对当前快递物流企业监管缺位的问题，制定、落实有效的行业监管措施，明确监管的责任、范围、措施，堵塞监管漏洞，对有关企业违规收寄的行为严格依照相关法律法规予以处罚，涉嫌犯罪的及时移交司法机关

处理。

四是依法追究快递企业及其员工的法律责任。对于快递物流企业代为寄运违禁品的行为，相关管理部门应当视情形给予罚款、责令停业整顿的行政处罚，情节严重的吊销其营业执照。根据侵权责任法，快递公司由于疏于履行严格审核责任而收寄"化学危险品"，造成人身伤亡和财产损失的，快递公司和寄件人应当承担连带民事赔偿责任。就刑事责任而言，快递公司如果明知寄件人托运的是危险物质而承运，是刑法第一百二十五条非法运输危险物质罪的共犯；如果不知情，是因审查不严而承运的，则涉嫌触犯刑法第一百三十六条规定的危险物品肇事罪，鉴于该罪没有规定单位犯罪，故应当追究具体违规的快递管理人员的责任。

五是完善物流管理法律法规，加大执行力度。首先应建立全国性的物流法律法规体系，将目前的《快递市场管理办法》等尽快上升为行政法规或者法律，以增强规范的约束力。在国家层面法律法规出台前，各地应根据自身基础和条件，制定出符合本地区实际的物流地方性法规，如江苏省人大常委会 2013 年修订《江苏省邮政条例》，细化了对快递管理的规定，为快递物流行业管理提供了地方立法依据。相关部门应在规范执行过程中，根据出现的问题及时出台进一步的实施细则，逐步加以完善，以提高快递物流领域规范的可操作性。为加大执行力度，还应当引入第三方比如有公信力的社团、行业协会等社会力量，通过建立和施行黑名单制度、星级评定制度等配套监督评价倒逼机制，监督法律法规的实施。

渎职犯罪"小专项"的实践困惑与治理功能的优化

——以江苏省检察机关渎职犯罪"小专项"为视角

刘祥伟　王小刚[*]

按照最高人民检察院查办和预防职务犯罪专项工作部署，江苏省人民检察院围绕"危害民生民利"和"群众身边的腐败问题"部署多个反渎职侵权"小专项"，以"小专项"带动"大专项"，收到良好效果。笔者借助这些"小专项"的办案数据，解析其对腐败问题的治理价值，并针对实践中的现实问题和理论上的不同声音，提出治理功能上的优化路径。

一、江苏省渎职犯罪"小专项"的开展情况

2011 年以来，最高人民检察院相继部署了开展查办危害民生民利渎职侵权犯罪、查办和预防发生在群众身边损害群众利益的职务犯罪等专项工作。作为专项工作的延伸和具体化，江苏省人民检察院针对国家政策性资金管理中的腐败现象，先后组织开展"假福利企业骗税"、"病害猪无害化处理补贴"、"高效设施渔业项目补贴"等领域渎职犯罪"小专项"查办工作。各市院也因地制宜，部署符合犯罪特点、时代特征和地方特色的"小专项"，取得了明显成效。

（一）办案规模持续上升

2011 年以来，全省检察机关共查办各类专项渎职案件 750 件 1015 人，占同期立案人数的 68.4%，推动全省立案数从 2010 年的 315 件 419 人，持续上升到 2013 年的 367 件 520 人。重特大案件比例从 2010 年的 41.6%，跃升到 2013 年的 61.3%，办案的社会影响大幅提高。

（二）办案结构更加合理

通过广泛开展渎职犯罪"小专项"，以群众反映强烈的问题为导向，案件的查办领域得到开拓，监督视角从执法、司法等"权力集中型"单位转移到"资金资源密集型"单位。以专案深挖要案，仅 2013 年查办科级以上干部 115 人，包括县处级以上干部要案 8 人（其中厅级干部 1 人），案件结构明显优化。同时，查决的与贪污贿赂犯罪交织的渎职案件明显增多，形成了强大的反腐威慑。

（三）办案质量稳步提高

在保持数量增长的同时，省院制定出台了《关于提高反渎案件办案质量的工作意见》，从严把握"小专项"案件的立案、强制措施、侦查终结等主要办案关口。2011 年以来，渎职案件的侦查终结率、起诉率和判决率等保持稳步提高。2013 年全省反渎案件一审服判率高达 92.4%，位居全国前列。

（四）办案环境明显好转

在打出一连串"小专项"组合拳后，反渎工作社会认知度得到提升，渎职犯罪的办案阻力和取证难度显著下降。借助媒体对"行业潜

＊作者单位分别为：江苏省人民检察院；江苏省建湖县人民检察院。

规则"的曝光，渎职犯罪的社会危害性得到普遍认同，"好心办坏事"、"情有可原"一类的说情、打招呼明显减少。2013 年，渎职犯罪免予刑事处罚 105 人，免刑比例为 37.8%，同比下降了 6.4 个百分点。

二、渎职犯罪"小专项"对腐败问题的治理价值

对"小专项"治理价值的解析，不能简单从数据的增减进行考量，必须结合特定的治理环境，从不同的社会视角进行换位审视。

（一）从党和政府的视角审视

通过对行业性腐败的系统治理，推动地方政府转变职能，简政放权，营造廉洁高效的政务环境，是检察机关服务改革发展大局的重要方式。2013 年，江苏省人民检察院查办了原连云港市委常委、灌南县委书记吴立生滥用职权虚假引进外资，造成国家经济损失 5000 余万元的案件。省委领导对此作出批示，要求有关部门强化对引进外资工作的监督管理，坚决遏制为捞取政绩而虚假引进外资的错误做法。通过对滥用职权和渎职行为的集中打击，纠正部分国家公职人员扭曲的权力观，同时挽回因渎职犯罪造成的国家损失；通过堵塞制度漏洞，避免损失持续扩大。2011 年以来，全省反渎部门通过办案为国家和集体挽回经济损失 3.78 亿元，其中"小专项"功不可没。

（二）从人民群众的视角审视

围绕国家政策性资金管理开展渎职犯罪"小专项"，有利于减少暗箱操作，保证国家惠民政策的正确实施，使基层群众真正享受国家政策红利。目前，全省检察机关已针对农机具补贴、柴油补贴、种粮补贴、高效设施渔业补贴、万村千乡工程补贴等二十余个涉农补贴项目，

开展渎职犯罪专项查办，切实解决群众身边"一升油"、"一袋化肥"的腐败问题，增强群众对反腐的信心。

（三）从检察机关的视角审视

大面积的行业性腐败，是当前腐败现象的一个重要特征，不仅涉及医疗、交通等传统热点行业，甚至在过去人们常说的文化、气象等"清水衙门"也不乏"生财之道"，有的甚至组成利益共同体，进行跨行业、跨层级的群体性腐败。同时，贪污贿赂、失职渎职等腐败行为更加复杂化、隐蔽化，腐败分子反侦查的意识和能力都得到了"进化"。单纯依靠"单打独斗"式的个案查办，难以应对"利益共同体"的集体对抗，也难以全面、有效地揭示行业内暗藏的"潜规则"。开展行业"小专项"，可以突出渎职犯罪的办案重点，整合有限的办案资源，在某一时段内，提高对某一类渎职犯罪的打击力度和密度，形成规模效应，提高侦查效率。通过"小专项"营造的侦查攻势、宣传声势，可以迅速瓦解"利益共同体"，在排除阻力，争取外界理解和支持的同时，增强反渎职侵权部门的社会影响力，推动反渎工作全面发展。

（四）从涉案单位的视角审视

通过清除涉案单位长期存在的腐败顽疾，以集中治理的形式纯洁行业管理队伍，实现对某一行业性腐败问题的整体净化，避免权力直接行使者继续滥用职权、失职渎职。同时，可以进一步规范行业内的权力运行，压缩权力寻租的空间，堵塞政策漏洞，实现办理一案、挽救一批、治理一片。2012 年，江苏省人民检察院针对"假福利企业骗税"专项中发现的问题，起草了《关于查办我省民政系统福利企业管理人员涉嫌渎职犯罪情况的函》，帮助省民政厅

完善工作措施，取得了显著效果。事实上，对于"小专项"，相关涉案单位均持理解和欢迎态度，检察建议的整改回复率达100%。

三、渎职犯罪"小专项"面临的实践困惑

作为一种治理形式，"小专项"的基本思路是针对某一地区特定行业的权力运行情况，运用一体化侦查办案机制，在一定时段内整合侦查资源进行渎职犯罪的集中查办。"小专项"分三个阶段：一是前期准备阶段。根据最高人民检察院确定的专项工作查办重点，通过外部借鉴或者内部挖掘等方式，由省级院或市级院选取辖区内某一渎职犯罪高发的行业，进行初步的证据收集和法律法规整理，确定存在大范围的渎职行为，并展开查处的必要性与可行性研究。二是全面部署阶段。向地方党委报告拟开展"小专项"的目标、范围和时段，得到党委和政府的理解与支持后，制定具体的实施方案并进行广泛动员部署，指导下级院围绕查办重点进行线索排查。三是集中查办阶段。通过典型案件示范等方式，运用一体化侦查办案机制，有方法、有步骤地组织集中查办，并适时进行阶段性经验总结交流，推动"小专项"不断深化，以扩大战果。

客观审视"小专项"的开展情况和运行方式，其治理功能在于系统遏制行业性渎职犯罪。它虽是一项多赢的选择，但不是包治百病的"灵丹妙药"，同样面临实践中的困惑，存在一些现实问题和理论上的不同声音。

"小专项"治理实践中的现实问题主要有：一是形成了对"小专项"的依赖性，自行发现线索、经营线索的能力存在下滑现象。有的基层院连续多年只办理"小专项"案件，上级院不组织"小专项"，反渎工作便处于停滞状态。部分基层院存在惰性，不注重"消化吸收再创新"，办案中"依葫芦画瓢"的多，主动拓展办案新领域的少。二是过分追求造声势，"小专项"存在泛化的现象。对某一行业的发案情况不作外围调查即启动"小专项"，办案过程中不断"卡壳"。有的地市级院一年组织四五个"小专项"，基层院应接不暇，常常是"东一榔头西一棒"、"捡了芝麻丢西瓜"，大量优质线索未能深挖。三是各地区"小专项"行动时间不一致，一旦其他地区"打草惊蛇"，信息将迅速传播，出现集体隐匿、毁灭证据的现象，并形成攻守同盟，其他地区的案件查办难度明显加大。四是由于各地诉讼环境差异较大，对证据的把握缺乏统一标准，对犯罪事实本身也存在情节轻重不一的不同理解，导致同样行为出现不同处理。一旦某一被告人被判轻缓刑，其后判决的案件则会出现"攀比"现象，导致"轻刑化"加剧。

对"小专项"理论上的不同声音集中在以下几个方面：一是短期的打击治理不能从根本上解决腐败问题。面对有多方面根源的社会公共问题，要设计一个单一的政策和采取某种单一的政策工具，在通常情况下可能被认为是徒劳无功的。"外科手术"式的专项行动易陷入"头痛医头、脚痛医脚"的怪圈，一旦执法力度降低，类似的渎职现象还会重现。二是决策者的好恶决定了治理的对象。对治理行业的确定，存在较大幅度的选择性。出于对难易程度和外部压力的考虑，容易出现只打"苍蝇"不打"老虎"的现象。三是对效率的追求会以牺牲案件质量为代价。标准化的案例指导、程式化的办案模式和短、平、快的办案节奏，容易使承办

人陷入"有罪"的惯性思维，忽视对无罪、罪轻证据的收集。四是对治理行业的弥合功能存在先天不足。以打击犯罪为目标的"小专项"，使检察机关更多地关注办案数据的增长。"刮骨不疗毒"，不注重行业秩序的修复，常常使某一行业无法正常运转，甚至陷入短期瘫痪，造成国家更大的损失。

四、对渎职犯罪"小专项"治理功能的优化

渎职犯罪"小专项"选择将某一行业整体作为治理对象，处于"治标"与"治本"的中间地带，是法治反腐的一种重要形式，也是在侦查资源匮乏的现实情况下，积极应对腐败问题且行之有效的一种治理方式，具有存在合理性和功能正当性。但是，对于实践中的现实问题和理论上的不同声音，我们不能视而不见，必须对"小专项"予以调整和修正，最大程度地释放其治理功能。

（一）强调系统治理，防止"按下葫芦浮起瓢"

在宏观层面上，找准"小专项"在深化改革和反腐败中的定位，围绕大局服务，保障经济社会发展，重点查办和预防产业转型升级、基础设施建设等领域的渎职犯罪，赢得党委、政府的支持和信任，推动解决带有源头性、基础性、根本性的深层次问题。在中观层面上，要转变消极侦查思维，变被动"等案件"为主动"找案件"，注重对新行业、新领域渎职犯罪的挖掘。持续加大"小专项"的查办，以强有力的办案力度，形成强大威慑。要注意解决"小专项"泛化现象，省、市院应根据基层办案实际，每年选择1—2个行业作为必查项目，其余可作为选查项目，由各基层院自行组织侦查。在保持对渎职犯罪高压态势的同时，要克服就案办案的思想，注重预防工作的同步跟进。按照"一案一预防卷宗、一案一分析报告、一案一检察建议"的要求，剖析犯罪原因，揭示犯罪规律，并积极建言献策。在微观层面上，建立对"小专项"的复查和回访机制，明确在专项工作结束后，不定期随机抽取个别单位进行秘密复查，严防渎职行为的"回潮"。对涉案单位反映的因"小专项"带来的工作困难，及时会商解决，帮助涉案单位回归正常运转。

（二）注重强势推进，防止"柿子专挑软的捏"

在查办行业的确定上，要做好先期初查论证，选择带有普遍意义、典型意义和本地区人民群众关心、党委政府关注的热点行业，如保障性住房、医疗卫生等问题集中的领域进行重点治理。不能仅满足于数量的粗放式增长，要坚决查处大案要案。要注重侦查方向的上溯，找到自上而下的渎职链条，努力查办渎职犯罪背后的实际决策者和指挥者。优化侦查组织推进模式，建立以办案小组秘密初查，团队大规模统一取证讯问的案件推进模式。[1] 灵活运用提办、交办、领办、参办、督办和异地指定管辖等办案措施，排除干扰和阻力，深挖渎职犯罪背后的贪贿犯罪。对非法干预渎职犯罪"小专项"案件调查、处理的，依法依纪严肃处理。建立专门的"小专项"线索信息库，对存查、缓查线索进行跟踪管理，防止"查一个、放一批"。

---

① 关福金：《凝聚共识 突出重点 深入推进专项工作》，载《人民检察》2013年第10期。

要根据案情和侦查工作的需要，果断采取羁押性强制措施，并依法提出量刑建议，强化对渎职犯罪轻缓刑适用的监督。

（三）抓好案件质量，防止"画虎不成反类犬"

建议制定专门的职务犯罪专项工作流程，引入并强化外部监督，防范实践中可能出现的非规范化倾向。将"小专项"的重心前移，做好启动前的论证研究，系统收集外围证据和法律法规。根据涉案行业的发案特点和规律，结合模拟推演和各地侦查经验，形成科学、详尽、有针对性的侦查方案。探索制定"小专项"案件统一取证标准，引导基层院全面收集证据。

充分发挥省院的龙头作用和市院的主体作用，确定统一时间启动关键证据的调查。全面掌握辖区内"小专项"进展情况，及时发现和解决侦查中遇到的突出问题。做好统计和综合分析，对不同行业"小专项"实施分类指导。注重"首案"、"大案"和"典型案"的示范和指引作用，通过交流会、推进会等形式，推广好的经验做法。重视对撤案、不诉和无罪案件的研究分析，及时总结教训，避免类似情况再次出现。增强证据意识和程序意识，打破侦查人员的思维定式，重视核实无罪、罪轻证据和犯罪嫌疑人的辩解。实施公诉引导侦查机制，严把案件质量关，杜绝案件"带病"起诉，着力打造精品案件。

新媒体时代涉检网络舆情分析与应对
——以厦门市检察机关涉检网络舆情为切入点

林明辉[*]

当前，涉检话题已成为网络公众关注和热衷炒作的重点之一。检察机关需要通过准确分析舆情，依法妥善处置、应对和源头预防，以实现化解网络舆情危机，维护社会稳定，规范司法行为，促进队伍自身建设的重要目标。

一、现状与实践：厦门市检察机关在处置涉检网络舆情工作上的努力

据不完全统计，2012年至2014年，厦门市检察机关发现涉检网络舆情事件21起，其中，2012年2起，2013年3起，2014年16起，逐年增长的幅度较快，特别是2014年以来尤为明显。来源主要为天涯社区、新浪博客及厦门小鱼网等论坛。从主题来看，主要是质疑监督不力、不批捕、不作为或刑讯逼供、徇私枉法等。从影响和处置情况来看，大部分舆情未造成不良影响，且超过一半的舆情已成功引导处置，其他舆情仍在持续监测之中。

数据分析表明，厦门市检察机关通过正确履行法律监督职能，从切实维护群众利益和当事人的合法权益出发，认真开展舆情调查，正视问题，不推诿、不回避、不护短，在领导高度重视和有关部门配合下，耐心细致地做好矛盾化解和当事人的思想工作，产生了明显的效果。如同安区人民检察院及时有效地处置了突发的某犯罪嫌疑人家属扬言跳楼事件。

厦门市检察机关充分认识涉检网络舆情工作的重要性和紧迫性，不断加强做好这项工作的自觉性、主动性和针对性。在制度建设方面，厦门市人民检察院结合最高人民检察院、福建省人民检察院制定的《检察机关涉检网络舆情引导处置办法》、《检察机关重大敏感案（事）件处理应对办法》，出台了《厦门市人民检察院涉检网络舆情引导及应急处置工作方案》，各区院也结合实际分别出台了相关规定，为加强和规范厦门市涉检网络舆情处置工作提供制度保障。在组织领导方面，厦门市两级院均成立了领导小组，确定了专门内设机构，由专兼职人员负责具体工作。在工作要求上，厦门市两级院分别组建了涉检网络评论员队伍，完善和更新软硬件设施，建立了舆情搜索、监测、跟踪、报告工作的值班巡查制度，对违反检察工作纪律引发舆情或处置舆情工作不力的实行问责制度。在工作措施方面，一是做好涉检网络舆情监测。坚持每日常规监测和突发事件重点监测，厦门市人民检察院还利用福建省人民检察院的监测系统进行舆情监测，做到系统监测与人工搜索监测同步并重，以提高舆情发现能力。二是全面排查涉检网络舆情隐患。相关内设机构通过排查涉检网络信息的苗头和隐患，进行梳理，消除萌芽，避免发酵升级、扩散蔓延。

---

[*]作者单位：福建省厦门市人民检察院。

三是严格执行舆情报告反馈制度。一旦发现负面或敏感、重大涉检舆情，实行第一时间报告预警制度，第一时间按舆情等级向上级院及地方党委政法委、宣传部门报告。四是做好舆情稳控工作。一旦发生涉检负面舆情，立即开展舆情调查，澄清不实传言，及时联系所在地相关监管部门进行删除，争取获得党委及相关部门的支持与协助，做好重大、敏感涉检网络舆情的稳控工作。

二、舆情与危机：涉检网络舆情对检察机关的挑战

（一）准确客观看待网络舆情

网络舆情有正面舆情和负面舆情，正面舆情有利于鼓舞斗志，促使人们积极进取；负面舆情往往会产生公共关系危机，甚至引发群体性事件。网络舆情还有恶意舆情与善意舆情，恶意舆情将小事放大，捕风捉影，甚至凭空捏造事端，兴风作浪；善意舆情则注视着司法机制的运行，促进司法公正，发挥社会监督、群众监督、舆论监督的重要作用。如内蒙古某旗检察长使用百万豪车的照片经网络曝光后，当地纪委对该事件进行调查发现，该车是该检察长违反规定从企业所借，随后该检察长辞职。再如被网络频频曝光的"表叔"、"房叔"等，最后证实均与腐败行为有关。

（二）舆情危机使司法公信力受到质疑，自身形象受到损害

涉检舆情危机的主要特点包括：（1）与案（事）关联性。涉检舆情危机的起因皆与案（事）件相联系，如张某被检察机关反贪工作人员以"了解情况"为由带回检察院调查，第二天张某死在该检察院，事发后各种传闻不绝于耳，舆论一边倒，直指检察机关刑讯逼供。（2）传播快速性。涉检网络舆情危机事件常常因某论坛的一个帖子、某网站的一个博客、一则新闻引起网友广泛关注，继而成为一些网络媒体的头版头条，QQ群、微信群相互转发，发展势头迅速、不可预测。（3）负面效应性。由案件所引发的涉检网络舆情，往往造成相当严重的负面影响，给司法公信力造成巨大困扰，一个案件的负面效应可能抵消或超过一百个案件的正面效应。（4）聚集放大性。网络舆论场存在聚集、放大、共振、溃坝的连锁效应，一旦处置引导不当，不仅"为势不减"，反而可能"火上浇油"，拉升舆情，造成被动局面。

此外，社会心理也必须高度重视。如在仇官、仇富或同情弱者的社会心理作用下，一旦当事人被贴上"官二代"、"富二代"或"农民工"标签就可能激发公众参与案件讨论的热情，各种观点碰撞、发酵，形成强大舆论力量，为司法机关依法处理案件带来巨大压力。

三、规律与借鉴：应对涉检网络舆情危机的有效途径

第一，靠前介入。面对媒体借社会话题过度炒作、网络舆情一边倒的情况，检察机关应迅速介入侦查，积极引导侦查期间的取证工作。全面细致收集证据，提出检察机关引导取证的重点。重点关注是否存在不法侵害、是否构成正当防卫及当事人是否具备刑事责任能力等。此外，对嫌疑人应慎用强制措施，能监视居住的就不采取拘留等手段。

第二，获取支持。坚持重大案件请示报告制度，及时将与案件基本事实相关的证据、适用强制措施情况、拟定的办案原则、对案件的定性以及维稳工作部署向上级院和地方党委报告，及时获得上级院和地方党委的支持和指导，为成功应对舆情危机做好充分准备。

第三，严把出口。对司法机关而言，现实中"网络起诉"、"网络审判"带来的连锁反应难以把握。检察机关应从维护政治安定和社会稳定大局出发，冷静客观地分析形势，采取相应措施，并且严把事实关、证据关、程序关和法律适用关，确保起诉案件定性准确、程序合法，经得起法律和历史的检验。要认真听取辩护律师的意见，特别是对引起网民热议的情节重点复核，坚持"理性、平和、文明、规范"的办案理念，不受舆情左右，客观公正，法、理、情兼顾，做好公诉工作。

第四，注重实效。为防止网络长时间炒作，不断聚集网民关注，检察机关应加快办案进度，以最快速度提起公诉。要精心准备出庭预案，研究出庭时注意的问题和细节。要特别注重出庭实效，做到庭前准备充分，庭审中举证质证有力，答辩有理有据，刚柔相济，在媒体和网民面前不出纰漏。

第五，引导舆论。检察机关应在恰当的时间通过召开新闻发布会、邀请媒体采访以及发布官方微博、微信等形式，发布检察机关权威信息，对舆论进行正面回应。应及时制定应对媒体、公众的预案。当记者欲进行采访、网民对事件要求回应时，应迅速启动答复预案，文明接待，对公众提出的建议和请求依理依法尽可能给予现场答复。案件一审判决后，检察机关还应就案件详细情况、法律政策的适用等邀请专家学者进行解读并在媒体上发表，以起到定分止争和妥善引导网络舆论走向的作用。

四、处置与预防：提升应对涉检网络舆情危机能力的几点思考建议

（一）有效处置：强化监控、形成合力、及时化解

首先，情报信息要快捷。检察机关要把收集的信息情报作为切入点，使处置工作迅速打开局面。一旦出现因案件引发的重大舆情，要迅速组织人员提前介入侦查活动，全面掌握证据收集、律师辩护意见、社会舆论等第一手资料，为制定后续措施和预案提供客观依据。其次，处理焦点要细致。在处置过程中，检察机关要抓住矛盾焦点问题，认真进行研究部署，明确工作要求，防止新的不稳定因素滋长。特别是不能局限于案件本身，而要考虑媒体、网络反应等各项因素进行综合权衡。最后，把握中心。检察机关要突出抓好中心环节，在处置工作中做好舆情引导工作。要在坚守法律理性的前提下，加强与媒体的有效沟通，通过准确的释法说理工作来消除公众误解，引导舆论向合乎法治理性的方向发展。

实践证明，依靠地方党委的支持，争取公安机关、法院、宣传等相关部门的全力配合，强化上级院对下级院的领导关系，上下联动，是取得实效的重要保证。在处置舆情事件中，上下级检察机关要在思想和行动上协调同步，下级院要及时将舆情情况报告上级院，上级院要及时指导督办，必要时派员参与处置工作。对于上级院的指示，下级院要不折不扣地执行。

（二）构筑堡垒：强化宣传舆论阵地，凝聚正能量

检察机关应在全面准确及时宣传党的路线、方针、政策上下功夫；在反映检察工作成果、鼓舞士气、塑造形象上下功夫；在检察宣传机制更加健全、内容更加鲜活、形式更加多样上下功夫。当前，个别基层检察机关重视传统媒体轻新媒体宣传，应督促这些基层检察院及时更新院网站内容，"僵尸网站"的情况须彻底改观。厦门市检察机关在不断提升办好有线电视栏目"检察视点"、平面刊物《厦门检察》、门户网站"厦门检察"和"检察在线访谈"、

微信平台"厦门检察"的基础上，还应扶持培养出收视率高、受众面广的频道或栏目；基层院还需进一步重视微信、微博、门户网站的建设。方法上，应注意研究新媒体的传播规律，做到新媒体的触角拓展到哪里，检察宣传的范围就延伸到哪里。同时，注意团结凝聚有影响力的网络名人，借力其网络意见领袖的作用。内容上，要大力宣传检察机关在服务发展大局、惩治犯罪、维护群众利益以及"两提升五过硬"建设等方面的举措成效，不断增进公众的支持和认同。要用丰富的内容和鲜活的形式，大力宣传先进典型以及群众信服的模范人物，展示检察队伍风采，凝聚人心，引导舆论。

面对涉检舆情，特别是关乎大是大非的原则问题时，检察机关还要旗帜鲜明地敢于集体发声，团结一致作出正面回应。要改变负面舆情影响出现时"删、堵、封"三板斧的方式，应对网络舆情，多用、巧用柔性手段，少用、慎用刚性手段。坚决快报事实，态度诚恳，及时准确地发布权威信息，公开透明打击不实报道、恶意炒作。

（三）源头预防：强化"内功"，抓好队伍

在网络的放大镜下，检察机关和检察人员任何"瑕疵"都可能演变为"热点"。因此，要从根本上有效防止涉检事件引发网络负面炒作，避免舆情危机出现，唯有自身不出问题，切实履行好党和人民赋予的法律监督神圣职责。

当前，检察机关在深入推进"两提升五过硬"建设中，要真正以爱民、亲民、敬民讲亲和；以办案力度、质量成效、公正司法、廉洁自律立公信。真正把亲和力、公信力落实到维护社会大局基本任务中去，落实到促进社会公平正义核心价值追求中去，落实到保障人民安居乐业根本目标中去。真正按照"政治、业务、责任、纪律、作风"过硬的新要求，解决队伍在理想信念、能力素质、职业操守和纪律作风等方面的突出问题，打造一支信念坚定、司法为民、敢于担当、清正廉洁的检察队伍。

（四）未雨绸缪：强化模拟演练，提升应对能力

综合措施到位是稳妥处理突发事件的重要抓手。每一起重大突发事件的背后，往往隐藏着复杂的社会矛盾，如不及时有效处置、疏导和化解，将会直接影响社会政治稳定，甚至引发更大的政治问题。"凡事预则立"，要打好舆情危机攻坚战，需要在积累经验中磨砺。因此，开展处置网络舆情危机"实战演练"十分必要。通过制度安排，可提高检察机关重视处置突发事件的意识，检验制定的相关措施和舆情引导处置办法，促进处置工作取得好的效果。通过情景模拟和相关技能培训，切实从心理建设、应变能力、处置技巧、自我保护等方面全面提升检察队伍对舆情突发事件的掌控力和化解力。通过角色扮演，在工作中贯彻平等保护原则，保护双方当事人的正当权益，提升检察人员情势判断、事件性质判断的能力，快速参与处置，剖析事件背后隐藏的社会问题，赢得行动先机。

电子卷宗综合管理平台助推司法规范化

山东省德州市德城区人民检察院

2014 年以来，山东省德州市德城区人民检察院以业务需求为导向，积极开拓创新，研发应用"自助式"电子卷宗综合管理平台，助推司法规范化建设深化升级。山东省人民检察院吴鹏飞检察长给予"便捷、快速、准确、方便"的评价。该平台已在德州市两级检察机关全面推广应用，经验做法被最高人民检察院、山东省人民检察院转发。

一、需求引领，明确研发方向

研发电子卷宗综合管理平台主要基于三方面需求：一是规范律师阅卷的现实需求。工作实践中，律师阅卷存在不规范、不透明、不安全的地方，如律师阅卷直接与办案人员接触，在办公场所拿着卷宗楼上、楼下办理，容易引发当事人误解，增加办案风险。研发应用电子卷宗综合管理平台就是为了保障律师执业权利，让检察机关司法办案更加公开、公正、透明。二是提高办案效率的工作需求。办案过程中，制作审查报告时大量的文字摘录工作，不仅浪费办案人员的时间，而且消耗精力。该平台的研发应用就是要把办案人员从机械性的文字录入工作中解脱出来，提高办案效率，把更多的时间用到思考、研判案件上去。三是提升案件质量的改革需求。传统的案件质量评查受时间、空间制约大，只能一人一卷，评查结果没有对比性，评查项目不细致、不全面，存在着人情评查等现象，制约了案件质量的提高。基于以

上三点需求，德城区人民检察院依托检察专线网，经过 60 余次反复修改，研发了集律师阅卷、电子文本和案件评查三个子系统，设管理人员、律师、业务人员、评查人员四个端口的电子卷宗综合管理平台。

二、科学设计，确保优势凸显

坚持高标准谋划、高起点设置，结合检察业务实际需求，科学设计，确保平台有利于检察工作开展。一是安全性能高。该平台以"用户名＋密码＋验证码"三级验证的方式登录，能够有效防止黑客攻击，窃取信息。律师阅卷系统采用的是 PDF 格式，仅供预览和打印，且每页卷宗都添加律师阅卷专用水印，无法修改、删除。二是保密性强。该平台实行严格的权限管理，由专人进行动态密码设置，定期检查注销当天过期的查阅授权，不定期修改管理员登录密码；平台端口按照不同用户的权限等级，分别逐项授权，职能不同，权限和实现功能也随之不同。如有下载相关案件材料的情况，系统将会自动留下痕迹。三是可扩展性强。该平台采用市、区两级架构研发，开发过程中提前预留接口，可与全国统一业务应用系统对接，为运行后的二次开发、维护、增容、推广打下坚实基础。四是实现多页面同屏显示。案件评查系统中，将 PDF 格式的电子卷宗和 WORD 版本的案件评分表在一个页面中显示，两者互不影响。评查案件时，只需打开电脑页面一次，

拖动鼠标，阅卷、评查即可同步进行。五是实现网上远程案件评查。该平台依托检察专线网运行，经授权后，检察机关任何一台连接检察专线网的电脑，都可通过链接进入平台。案管部门组织案件评查，只需扫描上传所评查案件的纸质卷宗，评查人员点击鼠标即可完成评查工作。尤其是市级院组织案件评查时，只需在确定所要评查案卷的名称后各基层院上报案件电子卷宗，即可开展案卷评查活动，节省了人力、物力、财力。

三、健全制度，保障规范应用

一是联合签发实施意见。为从源头上解决电子卷宗的报送问题，与三家公安分局联合签发《关于规范刑事案件同步移送电子卷宗及电子文本的实施意见》，明确公安机关移送起诉案件时，纸质卷宗与电子卷宗同步移送，并对公安机关电子卷宗的制作、移送、受理、审查、流程监管等方面进行规定，从源头上对该项工作予以规范。二是制定电子卷宗管理办法。制定《德城区人民检察院电子卷宗管理平台应用办法》，对电子卷宗的制作格式、移送范围、内容、时间、硬件设施、安全保密等作出详细的规定，明确管理人员在卷宗录入、查阅授权等方面的工作流程和标准，严把录入、授权关口，全面规制平台运行。三是实行台账登记制度。设置电子卷宗管理办公室，建立电子卷宗登记台账、律师借（阅）卷台账、电子卷宗复印台账等，要求对公安机关移送的电子卷宗、律师查阅卷宗情况进行详细登记，严格管理，确保每一起电子卷宗网上有记载，网下有记录，

相互印证。

四、追求实效，实现三方共赢

一是破解阅卷难题，赢得律师点赞。设置律师阅卷室，经案管部门审核验证后，律师可以随到随阅，还可直接打印案卷材料，避免不必要的奔波劳苦；外地律师通过当地检察机关授权，通过检察局域网即可登陆查阅卷宗，打破时间、空间局限，切实解决了律师阅卷难的问题。平台运行以来，已为68名律师提供快捷服务，查询案件72件，查阅、打印相关案卷材料3000余页。二是监督向前一步，赢得公安肯定。一方面，公安机关移送电子卷宗，检察机关受案时，通过查看电子卷宗，发现并监督公安机关案卷材料中存在的问题，并及时提出合理化的意见和建议，使刑事侦查监督工作"向前一步"。另一方面，促成德城公安机关在全省公安系统率先建成电子档案室，为办案带来诸多方便。如共同犯罪中漏捕或在逃的犯罪嫌疑人，多年后公安机关又将其抓获，同案犯已经判刑，相关案卷材料已经封存到法院。若调阅以前的刑事案卷材料，必须到法院查询，需要繁杂的查询手续。有了电子卷宗，则无须到法院查阅，直接调取电子卷宗即可。三是办案提质增效，赢得自身发展。依托平台电子文本系统的共享优势，能够为侦监、公诉等部门提供刑事案卷材料的WORD文本，为办案人员节省文字录入时间。此外，利用系统的可共享性，对提请检委会审议的案件，检委会委员经授权后，可以直接查看公安机关的电子卷宗，从而全面了解案情，提高检委会审议案件的质量和效率。

捕后公安机关变更强制措施再行报捕案件应如何处理

向晓勤　崔可成[*]

一、基本案情

犯罪嫌疑人关某与被害人李某丈夫耿某具有不正当男女关系并生有一子。2012 年 6 月 25 日二人在河北省石家庄市发生争执到公安机关解决问题，耿某趁民警与关某谈话之际，将孩子抱走，后下落不明。关某寻找耿某和孩子未果，即于次日乘火车到北京，尾随耿某妻子即被害人李某进入位于北京市海淀区某小区的家中，并与李某发生争吵。在与李某争吵过程中，关某用绳子勒紧李某的颈部，造成李某机械性窒息死亡。关某将李某的尸体藏匿于卧室衣柜中，盗窃李某各类饰物（经鉴定价值人民币 3756 元）后逃离现场。

二、主要问题

本案为公安机关再次报捕案件。北京市公安局曾于 2012 年 11 月 21 日提请检察机关批准逮捕犯罪嫌疑人关某，检察机关于 2012 年 11 月 28 日作出批准逮捕决定，北京市公安局于 2012 年 11 月 29 日向关某宣布逮捕（关某拒绝在逮捕证上签字）。关某被抓获时能够清楚叙述事情经过，精神正常，在羁押期间精神出现问题，经北京市昌平区回龙观医院鉴定，其案发时具有完全刑事责任能力，后为假性痴呆状

态，评定为无受审能力。北京市公安局海淀分局于 2012 年 12 月 21 日将其取保候审，送往安康医院医治。医治后经北京市公安局强制治疗管理处司法鉴定，中心再行鉴定关某为分离性障碍，病情缓解，具有受审能力，故再次报捕。对于此情况，检察机关应如何处理？

三、观点剖析

关于本案的处理方式存在一定争议，主要有三种观点：第一种观点认为，应当不予受理或者在受理后作出不批准逮捕决定。持此观点的人认为，逮捕作为最为严厉的强制措施，不能在刑事诉讼阶段因同一事由对犯罪嫌疑人适用两次或多次，如此适用可能会导致无限期羁押情况出现，不利于保障犯罪嫌疑人的权利。第二种观点根据《人民检察院刑事诉讼规则（试行）》（以下简称《刑事诉讼规则》）第三百二十二条第三款规定，"对因撤销原批准逮捕决定而被释放的犯罪嫌疑人或者逮捕后公安机关变更为取保候审、监视居住的犯罪嫌疑人，又发现需要逮捕的，人民检察院应当重新作出逮捕决定"，认为可以受理案件并作出批准逮捕决定，但应在作出逮捕决定后对羁押期限有所限制，不能重新计算羁押期限，以防止该规定被滥用而侵犯犯罪嫌疑人人身权益。第三种观点认同第二

---

[*] 作者单位：北京市人民检察院第一分院。

种观点可以受理并作出批准逮捕决定，但认为应当重新计算羁押期限。

笔者同意第三种观点，理由如下：

第一，依据《刑事诉讼规则》第三百二十二条的规定，本案应当受理，重新作出逮捕决定。本案中，犯罪嫌疑人关某在逮捕后被鉴定为无受审能力，身体条件不宜羁押，公安机关变更为取保候审强制措施符合法律规定。后经过治疗，关某具有受审能力，身体具备羁押条件，取保候审原因即关某患有重大疾病事由已经消失。其行为造成一人死亡，可能判处十年有期徒刑以上刑罚，因此具有逮捕必要性及羁押必要性。故公安机关认为其需要逮捕并提请批准的，检察机关应当予以受理并可以作出批准逮捕决定。第一种观点在司法实践中并无依据，并不可取。

第二，对于本案再行批准逮捕后羁押期限的计算，并无相关直接法律依据。由于《刑事诉讼规则》第三百二十二条对于与本案类似案件的受理及批准逮捕进行了明确的规定，因此检察实践中的主要困惑就是如何计算羁押期限。依据刑事诉讼法及《刑事诉讼规则》规定，再行报捕并不是重新计算羁押期限的法定理由，因此第二种观点认为重新计算羁押期限有侵犯犯罪嫌疑人人身权益之嫌，应对再行逮捕后的羁押期限进行限制。由于在具体限制模式方面并没有法律依据，持此观点的人虽然均同意应考虑之前的羁押期限，羁押期限相加不能超过法律规定的捕后羁押期限，但是应以再行逮捕后羁押期限减去之前逮捕所实际羁押期限计算，还是在再行逮捕后仅执行之前逮捕后剩余羁押期限，并无定论。笔者认为，逮捕作为最为严厉的强制措施，必须具有直接法律依据，且能够统一适用，在司法实践中做到人人平等，否则极易造成司法不公。以上两种算法看上去各有道理，但由于捕后羁押期限以月为单位，采取不同算法可能会导致羁押期限增加或减少一定天数，造成强制措施适用期限的不确定。也有人提出可以从保护犯罪嫌疑人角度出发，取两种羁押期限中少的时间适用。该办法看似合理，但在实践中实施难度极大，一是由于检察机关仅作出批准逮捕决定，公安机关执行日期并不在批准逮捕决定上有所体现；二是即使同公安机关进行沟通，如果公安机关不予执行，因缺乏法律依据，检察机关也难以开展监督活动。因此笔者认为第二种观点在实践中难以适用。

第三，再行逮捕犯罪嫌疑人后重新计算侦查羁押期限并不违反刑事诉讼程序规定。刑事诉讼法第一百五十四条规定："对犯罪嫌疑人逮捕后的侦查羁押期限不得超过二个月。案情复杂、期限届满不能终结的案件，可以经上一级人民检察院批准延长一个月。"由此可见，侦查羁押期限的起算是在犯罪嫌疑人逮捕后。根据《刑事诉讼规则》第三百二十二条的规定，发现需要逮捕的，人民检察院应当重新作出逮捕决定。再行逮捕犯罪嫌疑人须重新作出逮捕决定，并非对先前逮捕决定的延续或者审查，因此侦查羁押期限所谓的"捕后"应当是作出逮捕决定之后，对于重新作出逮捕决定的理应重新计算，先前羁押期限仅针对先前逮捕决定而言。笔者认为，该重新计算与发现新的犯罪事实等原因重新计算侦查羁押期限性质并不相同，其依托于逮捕决定的重新作出，并不违反刑事诉讼法的规定，而如此适用也能维持司法实践的统一，在实践中具有较强的可行性。

综上，笔者同意第三种观点。关于侦查羁押期限时间过长有可能侵犯犯罪嫌疑人权益的问题，笔者认为在实践中出现的可能性极小。检察机关作为法律监督机关，对于侦查活动本身就有监督职权，在公安机关再次报捕后，会对案件重新进行实体审查，综合考虑犯罪嫌疑人的逮捕必要性及羁押必要性，以及公安机关变更强制措施的依据、是否存在违法行为等因素再行作出批准逮捕决定，不会允许公安机关违法再行报捕以延长羁押期限的情况出现。此种做法虽然客观上可能延长犯罪嫌疑人的侦查羁押期限，但依据刑法第四十七条的规定，先前羁押的，羁押一日折抵刑期一日，如果判处犯罪嫌疑人实刑且刑期长于羁押期限，对于犯罪嫌疑人并无实际实体权益损害。而对于两次批捕均认定具有逮捕必要性及羁押必要性的犯罪嫌疑人而言，其可能判处刑期一般为徒刑以上，出现羁押期限长于徒刑刑期的可能性几乎为零，此种担心仅存在理论上的可能。

毒品所致非精神病性精神障碍者绑架人质行为如何认定

刘光明[*]

一、基本案情

2014 年 4 月 1 日下午，被告人李某乘坐徐某某的出租车至临淄区象山东生活区家中，在与徐某某共同吸食冰毒并发生性关系后，被告人李某产生被害妄想幻觉，用持刀威胁、打耳光等方式对徐某某进行殴打，并禁止徐某某离开。其间，被告人李某堵住卧室门，并用匕首架在徐某某脖子上，阻止公安机关对徐某某进行解救。后经民警联系，李某父亲李某某到达现场，经民警及其父亲劝说后被告人李某才放开徐某某。

检察机关以被告人李某犯非法拘禁罪提起公诉。被告人李某在庭审中辩称，自己吸食毒品后产生被害妄想幻觉，犯罪时已经无法控制自己的意识，主观上既没有故意又没有过失，同时其非法拘禁时间不足 24 小时，也记不清有殴打侮辱被害人的情节，不构成犯罪。

淄博市临淄区人民法院认为，被告人李某非法拘禁他人，并具有殴打情节，其行为已构成非法拘禁罪。公诉机关指控的罪名成立，适用法律意见正确。被告人李某认罪态度较好，可酌情从轻处罚，判处其有期徒刑一年六个月。

二、主要问题

我国刑法第十八条关于特殊人员刑事责任能力的规定中，并未明确毒品所致非精神病性精神障碍者的刑事责任问题，对于此类人员的刑事责任和犯罪时主观故意的形态应如何认定，值得探讨。

三、观点剖析

本案被告人李某虽然实施了持刀胁迫被害人的情节，但因本案审理初期不能证实李某以前有吸毒后精神障碍史，其主观上并不明知自己吸毒后会产生"受害妄想症"，从而放任自己陷入这一无意识状态后实施犯罪，对其行为如何定性，审理中有三种不同观点：

第一种观点认为，李某的行为不构成犯罪，因为李某在犯罪过程中系无责任能力人。基于罪刑法定的基本原则，法律没有规定吸食毒品构成犯罪，也没有明文规定吸毒后精神障碍者的行为构成犯罪，那么，毒品所致精神障碍状态下行为人丧失或者减弱辨认控制能力的情况，应当依据刑法谦抑性原则适用刑法关于间歇性精神病人的规定，认定李某为无责任能力人，其在无责任能力情况下的犯罪行为不构成犯罪。

第二种观点认为，李某的行为构成"人质型"绑架罪。理由是虽然我国刑法第十八条并未规定毒品所致精神障碍犯罪，但该类犯罪行为因缺乏主观辨认控制能力，后果的社会危害性和不确定性更大，对法益的侵害也更为严重。鉴于刑法明确规定生理性醉酒引起的非精神病

＊作者单位：山东省淄博市临淄区人民检察院。

性精神障碍应当负刑事责任，即刑法第十八条第四款以法律拟制的方式明确规定，在定罪过程中不需要再单独探讨其主观罪过形态。而病理学醉酒一般认为属于精神病状态，原则上不负刑事责任，但如果行为人明知自己有病理性醉酒的历史，预见到自己饮酒后会实施攻击行为，仍故意或者过失饮酒造成损害结果，则应当承担故意或者过失的刑事责任。吸毒和醉酒导致的非精神病性精神障碍的形式是一致的，吸毒人员在明知吸毒后可能失控的情况下（自陷行为），故意实施自陷行为导致犯罪结果的，也应当承担刑事责任。

第三种观点认为，李某的行为构成非法拘禁罪，理由是根据《最高人民检察院关于渎职侵权犯罪案件立案标准的规定》第二条第一项的规定，非法剥夺他人人身自由，并使用械具或者捆绑等恶劣手段，或者实施殴打、侮辱、虐待行为的，构成非法拘禁罪，不受 24 小时的时间限制。虽然该条规定的是国家机关工作人员，但非国家工作人员可参照适用。

笔者认为，李某主观罪过形态应当具体问题具体分析：

根据 "原因自由行为说" 中行为与责任同时存在的原则，责任能力必须存在于行为时，行为人只对在具有责任能力状态下所实施的行为及结果承担责任，不能追究其丧失责任能力状态下所实施的行为及结果的责任。但具有责任能力的行为人，故意或者过失使自己一时陷入丧失或者尚未完全丧失（刑法第十八条第三款）责任能力的状态，并在该状态下实施了符合犯罪构成的行为，由于行为人可以自由决定是否陷入上述状态，前一个阶段责任能力存在状态下的原因行为，应当对后一个阶段的结果

行为承担刑事责任。这也是原因自由行为说的基本要求。

对于李某的主观罪过形态，因我国刑法通说坚持主客观相一致的基本原则，对其主观罪过形态是以原因行为还是结果行为认定存在较大争议。笔者认为，对于自陷行为（原因自由行为），其刑事责任能力应当依自陷时原因行为状态进行评定，其对自陷后实施的犯罪行为后果所持的意志也应当依自陷时原因行为状态进行分析，即根据李某实施原因行为时对危害结果的意识和意志状态进行判断。此时有必要对李某是否存在吸毒史进行考察，以确定李某实施原因行为时的主观罪过形态，并且区分完全丧失辨认控制能力和辨认控制能力减弱两种情形：

第一种情形，李某处于完全丧失辨认控制能力状态。如果李某吸毒史较短，吸毒后出现病理性错觉或者被害人妄想、失去意识等精神障碍症状的情况从未发生，对于对该自陷行为的危害性没有认识或者认识比较模糊，此时李某的自陷行为完全出于无意识状态，主观上既无故意也无过失，结果行为时李某又处于完全丧失辨认和控制能力状态，则系无责任能力人，李某的行为不能以犯罪论处。但如果李某吸毒史较长，曾经出现过吸毒后兴奋、自控力下降、行为鲁莽、幻觉等精神障碍症状，对于吸毒自陷行为的后果具有高度盖然性的明知，其实施结果行为时的主观心态应按照自陷行为时的主观故意形态认定。

第二种情形，李某的辨认控制能力并未完全丧失，仅处于辨认控制能力减弱状态。如果李某吸毒史较短，对于毒品所致精神障碍没有认识，那么其在结果行为过程中具有主观意识，

直接以实施结果行为时主观故意状态认定其罪过形态。如果李某具有较长吸毒史，则应区分李某是自主吸食毒品、被动吸食毒品还是过失吸食毒品三种情形分别认定其主观罪过形态：（1）如果作案前自主吸食毒品，其主观上出于故意，应当预见到吸毒后可能会进入精神不正常状态，进而会发生不法行为，其对危害结果持希望或者放任态度，在实施犯罪过程中又故意实施该犯罪行为，则认定为故意犯罪；（2）如果是被动吸食毒品，其主观上出于过失心态，在辨认控制能力减弱的情况下又过失实施了犯罪行为，也就是前后两阶段行为均为过失，这种双重过失情况应定过失犯罪；（3）如果是过失吸食毒品，在辨认控制能力减弱的情况下又故意实施犯罪行为，因其有预见结果的能力且应当尽义务来防止犯罪发生，但因疏忽大意而没有预见，在辨认控制能力减弱状态下实施了犯罪，按照有利于被告人原则，其主观罪过形态宜评价为过失犯罪。

本案被告人李某具有较长时间的吸毒史，其对于自己吸食毒品后的行为具有高度盖然性的明知，主观上出于故意，在完全丧失辨认控制能力而实施犯罪的情况下应以犯罪论处。此外，相关部门应尽快完善刑法第十八条第四款，增加毒品所致精神障碍的刑事责任问题，以实现刑法适用平衡，维护公平正义。

古玩交易中欺诈行为如何定性

张建兵　黄　炜[*]

一、基本案情

于某、于某某和罗某案发前经常一起探讨古玩知识、交流经验，并将各自藏品互相交换。2012年5月，于某以350元的价格从江苏省南通市崇川区淘宝城B区第159号临时地摊上购得一把紫砂橘红釉提梁壶。其后的一天，于某某在于某家看到该壶后，得知壶的来源，并看出该壶是赝品。两人遂合谋将该壶进行高价出售，并约定获利后两人分成。罗某得知于某有该紫砂橘红釉提梁壶后，欲向于某购买。其间，于某某在自己家中打开相关网页，将与该赝品壶类似的真品紫砂提梁壶的高价拍卖案例给罗某看，使罗某误以为于某的提梁壶为高价真品。2012年6月，于某和罗某在于某某家中为买卖该提梁壶进行讨价还价时，于某某假装帮罗某砍价、拍板，使罗某以2万元的价格购得该赝品提梁壶。次日，双方进行了交易，罗某收壶、付清交易款。后罗某发现该提梁壶是赝品，即向公安机关报案。2012年9月13日、15日，被告人于某、于某某先后被公安机关抓获归案。涉案赃物紫砂橘红釉提梁壶由公安机关扣押。案发后，两被告人通过公安机关退还被害人罗某2万元。

二、分歧意见

本案在审理中对两被告人的行为如何定性存在三种分歧意见：

第一种意见认为，本案应适用古玩行规处理，公权力不宜介入。理由是："不打假，不三包，出售赝品不算骗"，这是千百年来我国古玩交易沿袭的"行规"。古玩市场存在"捡漏"等淘货行为，同时也存在买假自认吃亏的"交学费"行为，在该行业中买家只能凭借自己的品鉴知识来判断古玩价值，不能询问卖家购买此货的价格，这是古玩市场特有的规则。本案中，两被告人与被害人罗某都是古玩市场的"玩家"，都具有一定古玩鉴定知识和收藏经验，对古玩交易市场的"行规"应相当熟悉，因此，他们的交易行为应适用古玩市场的行规来处理，而不应由公权力介入。

第二种意见认为，本案应以民事案件处理，适用民法来调整。理由是：根据最高人民法院《关于贯彻执行〈中华人民共和国民法通则〉若干问题的意见（试行）》中关于"行为人因为对行为的性质、对方当事人、标的物的品种、质量、规格和数量等的错误认识，使行为的后果与自己的意思相悖，并造成较大损失的，可以认定为重大误解"的规定，可以认为本案被害人罗某在交易中对赝品茶壶产生了错误的认识，是重大误解。按照合同法第五十四条"下列合同，当事人一方有权请求人民法院或者仲裁机构变更或者撤销：（一）因重大误解订立的；（二）在订立合同时显失公平的"规定，本案被害人罗某可以重大误解为由行使合同撤销权来维护自己的合法权益，通过民事诉讼处理。

＊作者单位：江苏省南通市通州区人民检察院。

第三种意见认为，本案两被告人的行为构成诈骗罪。两被告人于某、于某某主观上明知涉案茶壶不是真品，采用虚构事实、隐瞒真相的欺骗手段，虚构涉案茶壶是真品的事实，使被害人罗某产生错误认识，并自愿购买，从而非法骗得被害人罗某财物，数额较大，其行为构成诈骗罪。

三、法理评析

（一）对古玩交易市场行规的认识

所谓行规，即行业规范的简称，是指行业之内的行为规范和经营惯例之集合，是同业者用以实施行业自律的重要依据，此外，也包括在长期商业实践中约定俗成的无形"规矩"。尽管各行各业行规的具体内容庞杂而又千差万别，但其核心部分是基本一致的，主要包括成文性的行业行为准则、营业习惯和交易惯例以及违反行规准则、职业道德的惩戒规则等。合同法第六十一条规定："合同生效后，当事人就质量、价款或者报酬、履行地点等内容没有约定或者约定不明确的，可以协议补充；不能达成补充协议的，按照合同有关条款或者交易习惯确定。"可见，行规的存在是必要的，也体现出行规对法律的补充作用，这种作用在某种程度上也为法律所认可和肯定。但是，从性质来看，行规不是我国规范市场经济秩序的法律体系的组成部分，不能代替法律。行规必须在法治的前提下，不能与法律相悖或者对抗，否则是无效的。

古玩交易是一种特殊的商品交易，其特殊性表现在专业性强，交易手段多样，交易物品缺乏替代性和可比性，难以确定统一的价值衡量标准等。正是基于古玩交易特有的各种不确定性，长期以来，古玩市场形成了有一定合理性的特定交易惯例，即所谓"行规"。虽然在古玩交易业内，"打眼"（看走眼）、"捡漏"（淘到宝贝）现象非常普遍，但"古玩不打假，骗了也白骗"、"货到地头死"、"买假不退"、"价格保密"等古玩交易习惯与我国倡导的诚信原则相违背。诚实信用原则是我国民法以及社会主义法律体系中的一条根本原则，任何民事行为均不能脱离此条原则的约束。所以，古玩交易市场中存在的不允许买方在被欺骗的情况下买到赝品而进行维权索赔，明显违反了民法的诚实信用原则，古玩市场中"货到地头死"等行规必须为法律否认。

（二）古玩交易市场行规适用和司法权介入

商业活动既需要外在的他律，更需要内在的自律。在行规与法律的规定没有原则冲突的情况下，司法应当尽量尊重行业历史形成的交易规则，以个案的形式将行规中合理的权利义务分配模式固定下来。但行规因受到地域和经济利益因素的影响，不可避免地存在与法律规范相冲突的现象，必要时应寻求司法权力的介入。在处理行规与法律规范的冲突时可以分以下三种情形：

1. 可以适用古玩交易市场行规进行调整处理的情形。当交易双方对所交易的古玩物件的真伪并没有明确的约定，或者出卖方已经尽到通知的义务，即明确告知买方所出售的古玩可能是赝品或伪造，没有虚构事实或隐瞒真相的主观故意和行为，而此时买家仍然自愿购买的，并且在交易中也缺少证据证明卖方存在欺诈、胁迫的情形，此时可以适用古玩市场的行规处理，这是公平自由的环境中进行的交易，不存在欺诈等违法事实，适用交易习惯处理纠纷也符合市场经济的相关规则。

2. 可以适用民法相关规则进行调整处理的情形。当卖方自出售之前就认为自己准备出售的古玩为真品，或者有证据证明卖方承诺出售真品并履行了承诺，只是事后经鉴定为赝品，此时因为卖方在主观上并无欺诈他人的故意，对此行为应以民法相关规则调整。当事人可因重大误解按照合同法第五十四条行使撤销请求权，要求返还自己受到的损失。不能返还或者没有必要返还的，应当折价补偿。有过错一方应当赔偿对方因此受到的损失，双方都有过错的，应当各自承担相应的责任。

3. 可以按诈骗罪定性处理的情形。如果交易中卖方的行为已经超越了行规和民事规范的限制范围，主观上存在骗取占有他人钱财的目的，客观上采取了虚构事实或隐瞒真相等行为，以赝品冒充真品出售并获取了较大数额的财物，就具备了诈骗罪的构成要件，应以诈骗罪定罪处理。但是，由于文物鉴赏的难度和鉴定结论的不确定性，如果出售的古玩仅仅在年代等方面有出入，或者有一定的价格欺骗行为，只要主观上不是有意以赝品充真品，则不能按诈骗罪定性处理。

（三）关于本案的认定

笔者认为，本案两被告人的行为构成诈骗罪。理由是：

1. 本案两被告人的行为不适用古玩市场的"行规"处理，也不适用民事法律调整。古玩买卖市场确有其长期以来形成的特殊行业规则，但对该领域中发生的具有一定社会危害性的行为，则不能以存在特殊行业规则为由排斥刑法的适用。本案中，两被告人为骗取被害人财物，采取主动引诱、隐瞒真相、上网比对真品价格

等手段使被害人产生错误认识后以高价购买了涉案物品。被害人罗某产生错误认识的原因源于两被告人的恶意引导，与民法上的"重大误解"有本质区别，不属于民事欺诈，不适用民事法律调整。

2. 本案两被告人的行为已构成诈骗罪。首先，本案两被告人主观上存在非法占有的故意。两被告人明知该提梁壶是赝品仍合谋将该壶进行高价出售，并约定获利后两人分成，明显具有非法占有他人财物的主观故意。其次，本案两被告人客观上采取了虚构事实或隐瞒真相的欺骗手段。两被告人明知该提梁壶是从淘宝城淘来的赝品，故意隐瞒事实真相，并利用相似度较高的真品拍卖网页信息引诱被害人上当受骗。最后，本案被害人罗某基于两被告人的欺骗行为而陷入错误认识，作出了自愿处分财产的行为。

综上，本案两被告人以非法占有为目的，共同合谋，隐瞒真相，骗取他人财物，数额较大，其行为均构成诈骗罪。

四、处理结果

本案于 2012 年 12 月 5 日由通州区人民检察院以两被告人于某、于某某涉嫌诈骗罪向通州区人民法院提起公诉，通州区人民法院先后于 2013 年 3 月 4 日、3 月 29 日、7 月 2 日三次公开开庭审理，并于 2013 年 11 月 27 日作出判决，被告人于某犯诈骗罪，单处罚金人民币六千元；被告人于某某犯诈骗罪，单处罚金人民币四千元。一审判决后，两被告人于某、于某某均不服，向南通市中级人民法院提出上诉。南通市中级人民法院于 2014 年 2 月 24 日公开开庭审理，并于 2014 年 4 月 18 日作出二审裁定，裁定驳回上诉，维持原判。

刑事诉讼中私人不法取得证据的效力

阮建华[*]

刑事诉讼法对公安司法机关收集证据的权力和程序，以及依职权取得的非法证据的排除规则都作了较为明确的规定，但是现实中还大量存在刑事诉讼法规定之外的人私自取证的情况，对这种证据的效力如何认定值得关注。

一、私人不法取得证据概述

（一）法律规定之外的人是否具有取证资格

刑事诉讼法第五十条规定，"审判人员、检察人员、侦查人员必须依照法定程序，收集……证据"；第五十二条规定，"人民法院、人民检察院和公安机关有权向有关单位和个人收集、调取证据"。这两条规定是否为私人取证问题的依据，引起学界的争论。有学者认为，这两条明确规定了证据取得的主体资格和程序原则，故只有法定的国家机关才能依照法定的程序收集证据，其他任何机关、团体和个人都无法定的获取证据的能力。[①] 也有学者认为，法律仅是对法院、检察院和公安机关调查收集证据的授权，审判人员、检察人员、侦查人员因此而成为取证的法定主体，目的在于约束公权力的行使，故不能从这两条规定中推导出收集证据的主体法定且特定。[②] 笔者赞同后一种观点，认为我国刑事诉讼法未对私人取证问题作出明确规定，既未允许也未明确禁止。

（二）私人不法取证的概念

广义上的私人不法取证并非等同于违法取证，只是没有法律明确规定和合法授权的取证方式。私人不法取证包括两种情形：一种是私人不法取证没有侵犯被取证者的合法权益；一种是私人不法取证的同时侵犯了被取证者的合法权益（这种权益既包括宪法上的权益，也包括一般法上的权益；既包括实体法上的权益，也包括程序法上的权益）。对于前者，司法机关对证据审查核实后可以作为案件事实认定的依据；对于后者，私人不法取得证据的效力存有争议，是采纳还是排除，学界和实务界争论不一。以下，笔者将在目前有关私人不法取得证据的理论学说基础上，围绕私人不法取得证据的效力问题展开讨论，通过建立私人不法取得证据分类排除机制，有效解决实体真实与程序公正、目的合法与手段违法、取证者合法权益与被取证者合法权益、非法取证行为的制止与刑事法律秩序的维护等矛盾与冲突。

二、我国私人不法取证的处理方式及理论借鉴

我国法律对私人不法取证问题未作明确规定，司法人员在处理私人不法取得证据的效力上没有统一标准。有的法官对于私人取得的证

＊作者单位：北京市顺义区人民检察院。
① 参见李明：《刑事诉讼中私人监听问题研究》，载《河北法学》2005 年第 11 期。
② 参见秦宗文：《论刑事诉讼中私人获取的证据——兼对证据合法性的批评》，载《人民检察》2003 年第 7 期。

据一概采纳，不予排除。① 有的法官对于私人取得的证据一概排除，依据是 1993 年公安部颁发的《关于禁止开设"私人侦探所"性质的民间机构的通知》，认为证据应由合法的取证主体按照法定程序收集，私人侦探等性质的机构不具备法定资格，其取得的证据不具有证据效力。有的法官对于私人取得的证据进行利益权衡，实行裁量排除。如检察机关指控，被告人王某谎称向张某夫妇的儿子张某某介绍工作，向张某夫妇进行诈骗，诈骗金额十万元，涉嫌诈骗罪。但庭审中被告人完全否认。检察机关支持指控的证据中，除了证人证言和一些传来证据外，较为关键的是张某某为收集证据而在与被告人通话时私自录制的通话录音。庭审中围绕张某某私自录制的通话录音是否具有证据效力进行辩论，最终法官进行法益的权衡并予以采纳。② 还有的法官对于私人取得的证据予以转化使用。如 2009 年，广东电视台的两名记者根据群众举报对广州市地质调查院预警室主任刘某出售虚假"广州市地质灾害应急点调查报告单"一事进行暗访。③ 记者在暗访过程中有行贿的违法行为，其所偷拍偷录的视听资料及取得的虚假报告单都被法院予以排除，但法院采纳了其没有违法行为的证人证言。

笔者认为，我国可以借鉴德国的法益权衡理论，探索符合我国实际的处理模式。理由是：首先，法益权衡理论针对个案特点进行具体衡量，实现个案正义，与私人不法取证的偶然性、非普遍性相契合。其次，由于私人不法取证主体具有多样性（如被害人、被告人、自诉人等），采用法益权衡理论进行个案具体分析，可更加

灵活地协调各种价值的矛盾与冲突。再次，私人取证有合法、非法、介于合法与非法间的三种情形，故对私人取得的证据采取"一刀切"的做法是行不通的，而法益权衡理论恰好可化解此种矛盾。最后，我国审判方式改革后，强化了当事人主义，法益权衡理论有效弥补当事人调查取证能力相对较弱的不足，更好地适应当前司法改革的要求。

三、建立私人不法取得证据的分类排除机制

法益权衡理论追求个案正义，对私人不法取得的证据是否排除，要在各冲突利益间进行权衡。鉴于法益权衡理论存在不确定性和不安定性等缺陷，笔者认为，可以建立私人不法取得证据的分类排除机制，依据私人不法取证行为所侵犯法益的不同将其取得的证据进行分类，再根据不同类别的证据个案判定其是否具有证据效力。

（一）私人以违反宪法所保障公民基本权利的方式取得证据的效力：排除为原则，不排除为例外

我国现行宪法所确立公民基本权利，包括人身自由权、财产权、通信自由和通信秘密权、人格尊严、生命健康权等实体性权利，也包括犯罪嫌疑人、被告人的辩护权等程序性权利。如对隐私权的侵犯，"对于窥探、刺探、监听、监视、偷录、偷拍等行为，不要求第三人知道，只要行为人从事了其中任何一种行为，就构成对隐私权的侵害"④，若法官采纳该证据，对被侵害者而言将构成再次侵害，故应排除。但是若某些侵犯公民隐私权的材料涉及危害国家安

① 奚玮、杨锦炎：《刑事诉讼中私人不法取得证据之证据能力研究》，载《法律科学》2008 年第 5 期。
② 邓群丽：《私自录音能否作为刑事案件证据使用》，载《检察日报》2011 年 10 月 11 日第 3 版。
③ 万毅：《私人违法取证相关的法律问题——以记者"暗访"事件为例》，载《法律实务》（法学）2010 年第 11 期。
④ 王利明：《人格权法研究》，中国人民大学出版社 2005 年版，第 603 页。

全犯罪、恐怖活动犯罪、黑社会性质组织犯罪等重大犯罪和证明犯罪嫌疑人无罪等情形时，该材料应当被用作证据。因为公民隐私权应让位于国家与社会的公共安全，个人利益应让位于国家与社会的公共利益。再如以监禁、拷打等方式或者以违反宪法性权利的方式进行搜查、扣押等取得的证据，严重侵犯到公民的人身自由、生命健康、人格尊严等权利，原则上也应予以排除，即使基于该证据（"毒树"）再以合法手段间接取得的证据（"毒树之果"），该衍生证据也不具有证据效力。但是为了维护司法正义，"毒树之果"理论也有例外，即必然发现情况、违法被消除、独立来源等，在这些例外的情形下，该衍生证据具有证据效力。

（二）私人以违反公民一般实体性权利和程序性权利的方式取得证据的效力：不排除为原则，排除为例外

取证者的行为没有明显违反宪法，但是侵犯了公民一般实体性权利和程序性权利，取证者以此种行为取得的证据，原则上应予采纳，除非其方式违背了社会良心或者使社会不能接受。如私人以欺诈、利诱等方式取得的证据，"并非欺诈和利诱在任何情况下都不具有正当性，其有无正当性应以能否公开解释为判断标准"，[1] 该解释是否能被接受，需要法官根据该不法行为的严重程度和危害结果，作出采纳或不采纳、部分采纳或者部分不采纳的自由裁量。法官在自由裁量时应考虑的因素：一是采用诚实的方式无法取得证据。二是被侵害的法益并非极其轻微。因为采用不诚实的方式取得被告人自白，对取证者、被取证者乃至社会都会带来负面影响。故对于轻微案件，欺诈或利诱方式取得自白的

正面效益不大；对于重大案件，不以不诚实的方式取得证据就无法破案，权衡利弊，允许以不诚实的方式取证。三是不诚实的方式不存在诱发虚伪陈述的危险。即以不诚实的方式取得自白，在未限制被告人的人身自由，且若被告人无罪，即使以不诚实方式取证被告人也不会认罪的情况下，一般无诱发虚伪陈述的危险，其证据可被采纳，反之，被告人自白欠缺真实性保障，该证据无效。四是取证方式不能违背社会良心或者使社会不能接受。

（三）私人以没有侵害任何一方权益的方式取得证据的效力：不排除为原则，排除为例外

一般而言，行为在违反法律程序的同时，也侵犯了公民的合法权益。但是，在司法实践中，常常存在很多无侵权之违法（又称技术性违法），即行为人的行为违反了法律程序，但并未造成一方权益受到损害。对于私人以没有侵害任何一方权益的方式取得证据的效力的判断，可参照公权力机关在取证中处理技术性违法的情形。若某一证据的取证方式仅属于技术性违法或者属于违反法律程序（程序瑕疵），但该证据对于查明案件事实真相尤为重要，侦查人员即便不采取不法取证行为，也可获得该证据，且经过补正便可剔除程序瑕疵，则法官可以认定采纳该证据将对司法公正带来积极影响，要求侦查人员进行补正并采纳该证据。相反，若某一证据的取证方式违法程度较为严重，即便及时补救仍无法消除其产生的危害后果，且该证据具有唯一性（即该证据不可重新取得），在被取证者严厉要求法官排除该非法证据下，法官可以认定采纳该证据将对司法公正带来负面影响，作出排除该证据效力的决定。

---

[1] 巫聪昌：《论欺诈取得之自白》，载《法令月刊》第59卷，第1889页。

四十六公斤黄金价值几何？

——兼论国家赔偿法赔偿规则之完善

吴世婧　马国旭[*]

饱受争议的吉林商人于润龙涉嫌非法经营案，历经13年，曾两次被捕、四次受审，最高人民法院针对该案两次进行批复，2013年7月，吉林市中级人民法院作出终审判决，宣告于润龙无罪。2015年3月6日，案件涉及的国家赔偿方式和数额也"尘埃落定"，吉林省公安厅作出刑事赔偿复议决定书，宣布撤销原赔偿决定，由吉林市公安局按照调解协议，在3个月内返还赔偿请求人于润龙46385克黄金，吉林市公安局应按照调解协议书的内容予以于润龙国家赔偿。

案件已经终结，但该案在学术界和司法界引起的争论不绝于耳。笔者撰文，旨在探讨于润龙当时所携带的46公斤黄金的国家赔偿问题以及从本案引申出的国家赔偿法中相关赔偿制度的完善。

一、观点分歧

针对吉林省公安厅最终作出的复议决定，社会各界存在着不同的看法。北京大学法学院教授沈岿认为，赔偿数额的认定应根据现行国家赔偿法关于赔偿范围、方式的规定，并贯彻法律解释的一致性原则，而非以是否有利于受害人为原则，因此公安机关应返还2002年变卖黄金所得的380万元价款。笔者以为这一观点是不能成立的，其原因之一就是警方变卖黄金行为的违法性。正如中国政法大学马怀德教授所说："由于公安机关没有依照刑事诉讼法的规定随案移送46公斤黄金，随意处置了这个财产，公安机关应当对自己提前处置财产的行为承担责任。"根据我国刑事诉讼法第二百三十四条[①] 关于查封、扣押、冻结财物处理的规定，警方在2005年法院作出二审判决之前处理扣押物黄金属违法行为，不能根据其处置黄金所得380余万元价款对于润龙进行赔偿，警方因其违法行为而降低赔偿数额，即因违法而"获利"是法律禁止的。原因之二即警方变卖黄金时案件尚未审结，这也不符合法律规定。因此，赔偿"380万"之说不成立。

＊作者单位：辽宁省阜新市人民检察院。
① 刑事诉讼法第二百三十四条规定：
公安机关、人民检察院和人民法院对查封、扣押、冻结的犯罪嫌疑人、被告人的财物及其孳息，应当妥善保管，以供核查，并制作清单，随案移送。任何单位和个人不得挪用或者自行处理。对被害人的合法财产，应当及时返还。对违禁品或者不宜长期保存的物品，应当依照国家有关规定处理。
对作为证据使用的实物应当随案移送，对不宜移送的，应当将其清单、照片或者其他证明文件随案移送。
人民法院作出的判决，应当对查封、扣押、冻结的财物及其孳息作出处理。
人民法院作出的判决生效以后，有关机关应当根据判决对查封、扣押、冻结的财物及其孳息进行处理。对查封、扣押、冻结的赃款赃物及其孳息，除依法返还被害人的以外，一律上缴国库。
司法工作人员贪污、挪用或者私自处理查封、扣押、冻结的财物及其孳息的，依法追究刑事责任；不构成犯罪的，给予处分。

另一种观点认为，应该返还原物，返还不了的按现在的黄金价格折价赔偿。吉林省公安厅作出的赔偿复议决定就体现了上述观点。笔者认为，这种做法可以称之为合理，但尚欠合法性。吉林警方所扣押的46公斤黄金是民法意义上的种类物，但在国家赔偿中被扣押的嫌疑人的财产应属于特定物。警方将其交售银行后，应视为已经变卖，须按照法律中关于变卖财产的规定进行赔偿，返还原物的做法并不符合国家赔偿法的相关规定。除此之外，2002年警方立案之初扣押财产的行为是依法作出的，不具有违法性，2005年法院作出二审判决后警方不履行返还义务也不予赔偿，才是其违法开始的时间点。因此，在不能返还原物的情况下，也不能按现在的黄金价格进行赔偿。

笔者认为，应按照2005年二审判决时黄金交易价格进行赔偿，并适当考虑警方违法行为持续性对财产价值的影响进行适当补偿，尽管数额较低却符合法律具体规定，也符合我国法定赔偿原则、有限赔偿原则以及抚慰性赔偿标准。吉林省公安厅的复议决定书措辞精准，没有"依法赔偿"的字眼，而是由赔偿机关按照合法有效的"调解协议"作出赔偿，其行为更多地体现了行政行为的合理性原则，而非合法性原则。

二、法律反思

作为一个史无前例的个案，于润龙得到了合理而非合法的赔偿，案件在争议声中落幕，但其暴露出的国家赔偿法规定的弊端却值得法律人深思。我国现行国家赔偿法颁布于1995年，曾经于2010年和2012年进行过修订，修订内容更多涉及的是畅通赔偿渠道方面的，而赔偿标准并没有实质性的改变。国家赔偿标准是指国家对受到国家侵权损害的管理相对人给予赔偿的基本准则，是赔偿金数额确定的依据。这一赔偿标准正是于润龙案赔偿数额"史无前例"的原因。

从世界范围来看，国家赔偿的标准大致有三种类型：一是抚慰性标准（象征性赔偿），国家赔偿只在一定范围内对受害人予以赔偿，赔偿金额往往低于受害人的实际损失；二是补偿性标准（足额性赔偿），国家赔偿使受害人的合法权益恢复到受害前的状态，赔偿金额等于受害人的实际损失额；三是惩罚性标准（加重性赔偿），国家赔偿的金额超出受害人的实际损失，赔偿额度对侵权方具有惩罚性。我国在赔偿标准上一直采用的是抚慰性标准。笔者以为，我国国家赔偿标准过低，亟待修改，理由主要有以下几个方面：

第一，提高赔偿标准具有必要性。首先，我国正在推进社会主义法治国家建设，要让广大人民群众感受到建设法治国家的"红利"，就是要以看得见的方式实现公平和正义。比如，立法法的修改是我国立法上的大事，是依法治国重要的表现，但是普通群众对此关注并不热烈，与之形成鲜明对比的于润龙赔偿案却成为街头巷尾热议的内容，原因何在？说到底，立法法距离百姓比较遥远，而赔多少钱，怎么赔，更能让百姓们直接感受到法律的规则和后果。法律的修订，也是要对与群众切身利益关系密切的部门法及时进行修订，让群众从身边的司法实践中感受法律的公平公正，在个案中体会正义，提高对司法公正的"获得感"。其次，建设法治国家必须依法治权。如何实现李克强总理所说的"有权不能任性"？笔者以为，更多需要的是法律规制。除了要对权力的行使作出明确的规定，更要对滥用权力的行为进行严厉的惩治。美国的国家赔偿就采取惩罚性标准，并取得了较好的效果。我国在国家赔偿责任中，也可以在补偿性标准的基础上，有条件地适用惩罚性赔偿原则，以惩罚性的赔偿机制倒逼行政机关和司法机关在行使权力时做到合法审慎。

第二，提高赔偿标准具有现实可行性。现行的国家赔偿法已经颁布实施了二十多个年头，颁布之初，鉴于国家财力有限、司法人员素质不高等因素，对赔偿的原则规定为法定赔偿和限制赔偿。当前我国的国家财政能力大幅提升，这是提高我国国家赔偿标准的现实可能性之一。此外，法官法和检察官法自1995年颁布以来，对法官和检察官素质的提高和行为的规范起到了巨大的推动作用，法官和检察官队伍素质的极大提高，对判决的公正性起到了保障作用。

第三，提高赔偿标准具有法理基础。国家赔偿责任脱胎于民事责任中的侵权责任。[①] 国家赔偿制度自1873年法国的布朗戈判例最早确立的国家赔偿责任至今不过140多年的时间，而民事侵权赔偿制度自古罗马法以来已经有两千多年的历史，尽管国家赔偿责任因为公权力的介入有别于一般的侵权责任，但是国家赔偿和民事赔偿以权利救济为目的却没有改变。世界大多数国家对于国家赔偿采取全面肯定的态度，对于职务侵权赔偿逐渐淡化公法与私法的区别，因此，在条件允许的情况下，国家赔偿规则借鉴民事侵权责任赔偿中的实际赔偿原则和全面赔偿原则也无可厚非。当然，提高赔偿标准还需要法律重新规定赔偿责任主体，将国家赔偿责任主体由各级财政补偿转为国家财政补偿，确保权利被侵害人能按时、足额得到应有的赔偿。

三、结语

习近平总书记在2015年2月27日召开的中央全面深化改革领导小组第十次会议上强调，"在法治下推进改革、在改革中完善法治，突出重点，对准焦距，找准穴位，击中要害，推出一批能叫得响、立得住、群众认可的硬招实招，处理好改革'最先一公里'和'最后一公里'的关系"，"把改革方案的含金量充分展示出来，让人民群众有更多获得感"。笔者以为，这正是我国今后一段时间法律修订的目标和原则。提高国家赔偿法的赔偿标准，转变其赔偿责任主体，给予受害人更加充分的保护，正是体现了这一原则。希望国家赔偿法的修改能够尽快进行，希望更多的人得到合法的、合理的、公正的国家赔偿。

---

① 江必新：《国家赔偿与民事侵权赔偿关系之再认识——兼论国家赔偿中侵权责任法的适用》，载《法制与社会发展》2013年第1期。

统筹五个关系　理清改革思路

——关于检察改革的几点建议

钟　晋[*]

当前，检察改革进入"深水区"，既有前所未有的机遇，又面临极其艰巨的挑战。回顾以往经验教训，检察改革要取得实质进展，首先要有科学完善的宏观思维驾驭改革全局，才能确保改革迈入持续健康发展的轨道。笔者认为，确立科学完善的宏观思维，理清改革思路，关键是统筹兼顾五个关系。

一、守常与应变的关系

"天地之德不易，天地之化日新"，世事有变亦有不变。守常，就是把握事物发展规律，对长期制约检察工作发展的根本性问题常抓不懈，如司法水平、管理机制、队伍素质、保障条件等。应变，就是针对事物演变新情况，及时解决新问题，如十八届四中全会提出的公益诉讼、刑事诉讼法规定的新增职能等。每个新问题的应对都与根本性问题的解决息息相关，守常治本、应变治标，二者结合才能标本兼治。在守常与应变的关系中，应特别注重树立正确的创新思维——创新要以实事求是为基础而不是与之脱离，创新是手段而不是目的，创新是为了固本培元而不是为了标新立异。

历年来检察改革中的创新举措取得了诸多成就，但也应注意防范以下现象：一是创新机制化。依靠集中计划和指导进行创新，不注重创新活动规律"批量生产"式的创新难成经典。二是创新形式化。内容的模仿和复制现象多，不切实解决实质性问题，创新成果的生命力不强，并且挤占其他常规工作的资源份额。三是创新应景化。热衷于政策法规确定的新增职能、较易获取"眼球效应"的社会热点等新问题，方法上偏重于增机构、加人员。检察机关的核心任务是司法办案，检察改革应围绕这一核心把准矛盾发展变化的脉络，避免因"应变有余，守常不足"而出现与核心任务偏离、人财物成本浪费、内部管理成本增加、弱化基层基础等弊端。

二、人力与物力的关系

检察改革持续推进必须加大人力、物力的投入，国家对检察机关的保障也逐年加强。检察机关虽人平均工资不高，但总体经费保障到位；虽然某些地区、某些内设机构人少案多的矛盾凸出，但队伍总数相当可观。总体而言，检察机关自身也应注重内部成本与效益的管控。

在物力管控上，一是注重"好钢要用在刀刃上"。如对于职务犯罪侦查技术装备现代化和侦查信息化建设、网上办公办案系统建设等科技强检项目要有前瞻意识，重点投入，压缩非司法办案开支。二是注重合理布局、优化组合。如对于电子证据、技术鉴定等项目，不宜各地区均求大求全，应讲求节约资源、错位发

＊作者单位：湖南省湘潭市人民检察院。

展、优势互补。三是注重落实政策、从优待检。切实按照改革要求，逐步提高检察官待遇水平。

在人力管控上，一是切实做好人员分类管理的准备工作。全面掌握各级检察机关实际工作任务和队伍结构情况，研究适合各地检察工作实际的人员分类管理标准。二是加强内部管理的执行力。严格落实工作责任制，杜绝在编不在岗及忙闲不均等现象，坚决贯彻错案责任追究制，强化办案人员责任意识。三是重点关注年轻干部培养。关注思想动态，加强培训力度，拓宽培养渠道，"不拘一格降人才"。

三、上级与下级的关系

各地检察机关上级对下级的领导，在人的管理上重点是管下级院一把手的人事任免，在事的管理上重点是各业务线对下的工作考核，上级院对于下级院整个领导班子建设以及各业务线的队伍建设仍需加强管理。一是上级院应着力抓好下级院领导班子建设。注重优化下级院领导班子的人员结构，加大对下级院领导班子成员履职考核力度，适当考虑对下级院领导班子成员进行异地交流。二是上级院考评应注重规范与减负兼顾。尊重司法规律，科学设置考核模式，在强化个人办案责任终身制的同时，弱化无罪案件率、撤回起诉率等对司法质量的影响，避免下级院因受考评排名的功利因素影响而出现刻意规避无罪判决等不当行为。三是上级院应加强指导的实效性。强化对下级院各业务线的人员培训、案件办理的调研指导，全面提高司法工作水平。

四、内因与外因的关系

检察改革的实践表明，外因的作用包括社会思潮的影响乃至某一个标志性案件的出现等，都可能导致改革进程发生重大变化。检察改革不仅需要检察机关内部的自我完善，也应借助外力发挥倒逼作用。当下强化内因作用的主要举措有二：一是内部去行政化，落实人员分类管理；二是案件质量责任终身制，切实把权力关进制度的笼子里。而营造外力助推氛围的有效手段有三：一是全面推行"检务公开"。使社会公众能及时了解检察司法行为，自觉让检察权运行置于人民群众监督之下。二是深入推进涉法涉诉信访改革。加强控告申诉检察官队伍的素能建设，及时全面了解人民群众对检察机关的诉求和对检察司法效果的评价，将涉检信访纳入法治轨道，切实解决老百姓反映强烈的"控告难"、"申诉难"问题。三是加大冤假错案纠正力度。以有错必纠的决心处理冤错案件，让人民群众切实感受到公平正义，提升检察公信力，警示司法人员。

五、务虚与务实的关系

务虚是为了出思想、找方法，是为了更好地务实。王阳明讲"知行合一"就是提倡"知"的重要性，没有"真知"就没有"真行"。检察改革中许多探索性举措迫切需要"谋定而后动"，更要有实事求是的务虚，而务虚的现状却值得反思。一是从务虚的意识来看，上级与下级有明显差距。突出表现为上级机关务虚的主动性强，下级机关务虚的主动性弱。改革涉及的体制机制问题虽需顶层设计，但机关管理、队伍建设、司法办案等许多执行层面的问题需要基层单位积极探索。八成以上的检察干警和案件在基层，基层应当增强问题意识，卖力"埋头拉车"时也应尽心"抬头看路"。二是从务虚的成效来看，理论与实践有较大疏离。几年来检察机关自身的研究成果数量颇多，但相当一部分过于偏重理论上的大而全，对检察实践的指导价值有限。务虚的重点应契合司法实践，务求实效，并不一定要形成学术论文，有真知灼见的只言片语也是务虚的重大成果。应淡化课题意识和成果意识，强化问题意识和实效意识，这是理论研究的行动指南。三是从务虚的人员来看，办案队伍与研究队伍有"岗位壁垒"。

专职研究人员不能全面及时掌握检察实务信息，多以"命题作文"式专题调研为主，难以系统研判实情实况；办案人员中又普遍缺少研究实践经验教训的学术氛围。应注重大多数检察人员的研究能力和实务需求，大力提倡实证逻辑和技艺研究。

综上，检察改革任重而道远，既要有"功成未必在我"的决心，更要具备攻坚克难的学识、见识和胆识。

犯罪嫌疑人经传唤到案能否认定为自首

汪　睿　刘　勋[*]

司法机关发现犯罪事实，并有了怀疑对象时，为了节省办案时间和精力，往往会以了解案发情况为由通过电话传唤等方式让怀疑对象于指定时间到公安机关接受询问，犯罪嫌疑人到案后随即便交代了相关犯罪事实，对于此类犯罪嫌疑人能否认定为自首，司法实践中存有一定争议。

笔者认为，经司法机关传唤，犯罪嫌疑人到案后如实供述自己罪行的，可以认定为自首，理由如下：

1. 传唤不属于刑事强制措施。我国刑法第六十七条规定："犯罪以后自动投案，如实供述自己的罪行的，是自首。"因此，犯罪嫌疑人只要有自动投案和如实供述的情节，在司法实践中即可认定为自首。经传唤后到案的犯罪嫌疑人能否认定为自首，关键是认定经传唤后到案的行为是否属于自首中的"自动投案"。根据最高人民法院《关于处理自首和立功具体应用法律若干问题的解释》中第一条第一款的规定，"自动投案，是指犯罪事实或者犯罪嫌疑人未被司法机关发觉，或者虽被发觉，但犯罪嫌疑人尚未受到讯问、未被采取强制措施时，主动、直接向公安机关、人民检察院或者人民法院投案"，因此，只要犯罪嫌疑人在未被采取强制措施之前，主动、直接地向司法机关投案即应该认定为自首，而传唤完全符合该条特征。传唤不同于拘传，它并不是刑事强制措施，而只是一种侦查手段，因此其在我国的刑事诉讼法中位于"侦查"一章。而拘传则具有强制犯罪嫌疑人到案的法律效力，属于法定的刑事强制措施。犯罪嫌疑人经传唤后到案，符合自首制度中"未被采取强制措施之前"投案这一时间要求。

2. 经传唤后到案具有投案的主动性。有部分学者认为经传唤后到案的犯罪嫌疑人是司法机关带有一定强制力的传唤后才到案的，不符合自首中关于"主动性"的要求。笔者认为，司法机关的传唤只是要求对方于特定时间到案以了解案发情况，该行为并不具有刑事诉讼意义上的强制力，行为人在该种情形下仍有选择去或者不去的自由。其最后没有选择以逃跑等方式逃避惩罚而是到司法机关接受调查，虽然一定程度上存在慑于司法机关压力的成分，但是此种压力程度并未达到强制措施带来的压力程度，即其虽与一般意义上犯罪分子直接向公安机关投案具有的主动性有所区别，但不应因此而否定行为人投案时所具有的主动性。

3. 经传唤后到案不认定为自首与立法本意

＊作者单位：江苏省南京市秦淮区人民检察院。

不符。最高人民法院《关于处理自首和立功具体应用法律若干问题的解释》第一条规定，"犯罪后逃跑，在被通缉、追捕过程中，主动投案的"属于自首，并且规定，"并非出于犯罪嫌疑人主动，而是经亲友规劝、陪同投案的；公安机关通知犯罪嫌疑人的亲友，或者亲友主动报案后，将犯罪嫌疑人送去投案的，也应当视为自动投案"。可见，国家耗费了大量司法资源追捕、通缉的犯罪嫌疑人主动投案以及亲友将犯罪嫌疑人扭送至公安机关，尚可视为"自首"中的自动投案，相比之下，仅仅受到司法机关传唤后即到案的犯罪嫌疑人，其不论人身危险性还是再犯可能性均比如上被通缉后到案的犯罪嫌疑人小得多，因此经传唤后到案的行为理应认定为自首。

4.将经传唤后到案认定为自首符合自首制度的功利性目的。自首制度的本质在于犯罪嫌疑人犯罪后主动将自己置于司法机关的控制和追诉之下，便于案件的及时侦破和判决，以达到节省司法资源的效果。自首制度并不要求犯罪嫌疑人具有悔罪、自愿等情节，不论犯罪嫌疑人投案的主观动机是对刑罚的恐惧还是生活所迫，只要其行为在客观上节省了国家司法资源，即应当认定为自首，这也是刑法规定对于自首的犯罪分子"可以"而不是"应当"从轻或者减轻处罚的一个重要原因。对于因不同原因投案的犯罪分子，结合自动投案的动机、阶段、客观环境等具体情节在量刑时予以综合考量，完全可以实现罚当其罪的目的。

存疑不捕案件监督问题症结及完善

李　雅[*]

一、存疑不捕案件监督存在问题的症结

（一）立法不完善

（1）刑事诉讼法第八十九条第三款规定："人民检察院不批准逮捕的，公安机关应当在接到通知后立即释放，并且将执行情况及时通知人民检察院，对于需要继续侦查，并且符合取保候审、监视居住条件的，依法取保候审或者监视居住。"从此规定可以看出，对于检察机关作出不批准逮捕决定的，公安机关在对犯罪嫌疑人释放后应将执行情况通知人民检察院，但是对于是否要将变更强制措施情况通知检察机关，后续处理情况如何，检察机关是否进行法律监督，通过什么程序开展监督规定不明确。（2）刑事诉讼法第九十八条规定："人民检察院在审查批准逮捕工作中，如果发现公安机关的侦查活动有违法情况，应当通知公安机关予以纠正，公安机关应当将纠正情况通知人民检察院。"此条并未规定检察机关对公安机关不执行时该如何监督。通常情况下，公安机关即使接受了检察机关的纠正意见，也往往以案多人少、办案人员对法律规定理解不透等理由简单答复了事，检察机关监督流于形式、效果不佳。（3）刑事诉讼法对存疑不捕案件是否必须重新报捕及重新报捕时限没有具体明确的规定。（4）刑事诉讼法对存疑不捕案件查证不清如何处理以及撤销案件的时限未作规定，出现犯罪嫌疑人被释放、解除强制措施但案件未审查的现象。

（二）公安机关工作不如意

（1）取证困难。有些证据历时已久、难以调取，或者已经灭失、无法调取，或者证人不配合作证等，使侦查陷入"死胡同"。（2）侦查人员消极侦查，认为"硬骨头"难啃，耗时耗力耗功夫，不如破新案，不愿对旧案进行补充侦查工作。（3）侦查人员缺乏补充侦查意识，认为案件一经报捕就大功告成，对不捕后补充侦查工作重视不够，致使补充侦查工作一拖再拖。

（三）检察机关监督不到位

（1）监督意识不强。因受"重实体、轻程序"司法观念影响，检察机关平日履行监督的重点放在对公安机关的侦查活动监督、立案监督上，对不捕案件的监督较薄弱，存在监督断档、无人过问的现象。（2）监督方式滞后。现行的监督制度一般为事后监督，检察机关对案件并不知情或被动知情，监督效果不佳。（3）监督力度不大。监督的范围、途径、期限无明确规定，对不捕案件监督未列入考核目标任务，不捕案件监督处于乏力状态。（4）衔接机制不畅通。未建立相应的衔接机制，缺乏固定规范的衔接途径和方式。（5）侦监干警能力有待提高，对提出的补充侦查提纲，针对性、全面性、指导性、可操作性不强。

二、存疑不捕案件监督的机制完善

（一）完善对不捕案件侦查监督的立法内容，使监督有法可依

（1）明确检察机关对不捕案件的监督权。（2）完善检察机关对存疑不捕案件监督的内容、

＊作者单位：河南省襄城县人民检察院。

方式、程序等。（3）强化监督的实效，规定公安机关对检察机关的纠正违法、检察建议不执行或者应付时，应有更为严厉、有效的监督措施，如建议公安机关对侦查人员给予警告、通报等行政处罚。

（二）完善监督制约机制

将公安机关对不捕案件的补充侦查情况、及时处理情况及检察机关的监督效果均纳入相应的目标考核内容，以提高监督力度和效果。

（三）建立不捕存疑案件及时报备同步审查机制

（1）强制措施适用、变更情况报备。检察机关作出存疑不捕决定的，公安机关应当在收到不捕决定书24小时之内释放犯罪嫌疑人，并于释放后3日内将是否释放、是否变更强制措施、变更强制措施类型报备检察机关。（2）补充侦查情况报备。案件存疑不捕后公安机关应按检察机关列举的补充侦查意见执行，补充侦查后符合逮捕条件的，重新报捕，不能完成补充侦查要求的，不批准逮捕决定作出后2个月届满前7日向检察机关报备进展情况，此后每2个月期限届满前10日向检察机关报备进展情况。（3）案件处理意见报备。案件存疑不捕后公安机关作出最终处理结果，如直接移送审查起诉、撤销案件的，在决定作出后3日内报备检察机关。检察机关对公安机关报备内容进行审查，对未及时释放、变更或者撤销强制措施的，及时提出纠正意见，并监督公安机关执行；对公安机关补查过程进行同步监督，认为补充侦查基本事实已查清、证据确实，符合逮捕条件，或者发现新的证据证明犯罪嫌疑人有罪的，建议公安机关重新报捕，如符合非羁押诉讼条件的，建议公安机关直接移送审查起诉；对公安机关补充侦查后无法认定犯罪嫌疑人有犯罪行为的，

依照"疑罪从无"原则，建议公安机关撤销案件或者作其他处理。

（四）建立存疑不捕案件内部监督机制

（1）建立动态跟踪制度。由承办人进行个案跟踪，并由内勤建立存疑不捕案件跟踪监督台账，案件进展情况由承办人及时通知内勤，内勤定期督促承办人履行具体监督职责，相互沟通、双重监督。（2）建立风险评估机制。及时对存疑不捕案件进行风险评估，制定相应的应对措施，特别是对可能引发信访的案件做好释法说理工作，同时可以引入公开听证、人民监督员评议制度。（3）建立内部强化沟通衔接机制。与公诉部门建立"信息报备"制度，作出存疑不捕的同时将补充侦查意见报备公诉部门一份，在案件直接移送审查起诉时，公诉部门对照补充侦查意见认真核对，避免公安机关补充侦查不力；与控申部门建立案件信息风险评估制度，共同制定风险预案、对策，消除因不捕引起的不良影响；与反贪、反渎部门建立线索移交制度，使侦查监督和查办职务犯罪形成良性互动机制。

（五）建立及时介入侦查、联席会议机制

检察机关根据公安机关报备情况主动介入或者应公安机关邀请介入引导侦查，最大限度地实现动态监督。每季度与公安机关召开一次联席会议，通过对近期存疑不捕案件个案、类案侦查中存在的问题进行总结、分析、通报，以沟通促规范，增强监督实效。

（六）建立监督调查处理机制

对于监督中发现的怠于补充侦查、违法撤案、降格处理、随意变更强制措施等现象背后可能存在的涉嫌职务犯罪线索，及时启动监督调查程序，妥善处理监督调查责任，视情节移交反贪、反渎部门进一步查处或者建议公安机关作出相应的行政处罚。

研究室的"华丽转身"与典型案例库建设

——一个研究室人员的一点拙见

卞宜良[*]

研究室是检察机关中最古老、最稳定的内设机构之一，检察机关恢复重建以来的三十多年，几乎所有机构的称呼或职能都调整过，只有研究室始终如一。在检察机关组织构造与运作逻辑变迁的时代背景下，研究室必须适应时代的发展，来一个"华丽转身"。

笔者无意否定研究室"法律政策研究"这一基本定位，甚至认为在新一轮司法改革下，检察委员会尽管在研究个案方面作用减弱，但在总结检察业务经验、统一司法政策、统一司法适用等方面的指导、监督功能必将强化。政策指导必然建立在大量典型案例的分析论证上，拥有足够多的案例"信息库"成为至关重要的基础所在。2014年，最高人民检察院法律政策研究室提出建设"典型案例库"是一项前瞻性决定。过去虽也报典型案例，但更多是服务最高人民检察院的指导性案例筛选，只是一个工作任务，而没有成为日常性工作，应付现象较为严重。由于"典型案例库"的建设需要连续性投入大量时间和精力，应在即将修改的《人民检察院法律政策研究室工作条例（试行）》中对此作出重申与强调，使其成为研究室的一项基本日常工作，而非"运动式"的任务。

"典型案例库"的建设是一个需要不断持续付出的工程，需"积小步致千里，积小流成江河"。第一步，从具体个案入手，其选择点可以是检察委员会讨论的案件、业务部门讨论的案件、法院判决与起诉不一致的案件以及遇到的程序操作问题等，并从中选出有代表性的个案或倾向性问题加以系统分析论证；第二步，在个案积累的基础上梳理出类案，并选出有代表性的案件作进一步理论提升，筛选出指导性案例；第三步，提出司法解释选题，从更大范围、更多经验上作出全面的实践考察和理论论证。在这个过程中，完善的档案制度是不可缺少的工作条件。严格的档案制度是实现管理连续性、准确性、可靠性的重要物质手段。与发达国家相比，这也是我国比较薄弱的工作。以前与业务部门的同志交流时，他们深有感触的说："过去讨论案件，记录太简单，不仅影响思考的深度，也影响后续查阅。"

"典型案例库"的建设，能否与业务部门及办案人员形成"互惠"的行为模式至为关键。"互惠"是协作的基础与持续运行的动力。在当前司法改革下，无论基于提升自身素养还是提高办案质量，检察官均愿意对典型案件与研究室进行协作，开展对话讨论。研究室应借引东风，研究出对一线检察官的学习、办案真正有用的典型案例，从而推动协作机制有效运转下去。

---

*作者单位：山东省滨州市人民检察院。

风雪之夜的提前介入

马惠萍[*]

那是 2009 年 11 月一个周末的傍晚，鹅毛大雪铺天盖地，天气非常寒冷。大约下午 6 点左右，我还没来得及吃晚饭便接到院领导急促打来的电话，当日下午千阳县一镇中学发生了一起学生打架致人重伤的案子，要求侦监科派员提前介入该案。接到任务后，我马上准备好办案用品和科长一起匆匆赶往现场。

很快，我们到达了事发地派出所，向民警了解案件的初步情况。晚上 9 时许，我们见到了涉案的几个学生，他们大约十五六岁，由于夜晚温度很低，火旺的炉子似乎也不能抵挡此时的严寒，加上没吃饭，他们看上去神情紧张，面色不佳，就像犯下大错等待家长发落的孩子。我给他们泡了方便面，让他们先充饥驱寒。经过询问，我们对一些关键证据进行固定，针对涉案家属的安抚工作作了安排，忙完这些已经是凌晨 3 点多。

该案起因很简单，初中学生小李、小王长期以来受到同校同学小张、小刘等人欺负，为了扭转被欺负的局面，小李和小王便和对方扬言周五下午放学后在校外一空地"对战"，为了给自己壮胆，他们提前说好去时带刀子以防万一。下午放学后，双方在约定地点见面，模仿影视剧中"古惑仔"的样子，两帮人马面对面站成两排开始了打斗，混打中小李拿出事先准备好的匕首，朝小张腹部和胳膊刺了一刀，致使小张跌倒在地，其余几个学生看到这个场面后都惊呆了，立即停了手，连忙送小张去镇卫生院抢救，由于镇卫生院医疗条件有限，且伤者伤势过重便迅速转往县医院进行抢救，虽几经周折，但还是没能挽救小张年仅 16 岁的生命。

回到单位已近凌晨，但我还是辗转反侧，难以入睡。回想起曾经在中学支教时的情景：这些在校学生，他们长着稚嫩的面孔，内心简单、纯洁，但容易冲动。身处青春期，喜欢模仿港台影视剧中人物拉帮结派、以大欺小、耍江湖义气，尤其是对影视剧、游戏中的一些老大做派，很是羡慕。缺乏正确判断能力的他们，很容易在现实生活中"实验"一回，因为年幼，对是非曲直把握不准，对错分辨不清，在他们看来好与坏是没有严格界限的，最终的结果是害了自己误了他人。

2010 年 6 月 12 日，法院以故意伤害罪判处被告人小李有期徒刑七年六个月，以聚众斗殴罪判处被告人小刘有期徒刑二年，宣告缓刑二年。

花样年华、风华正茂的少年，正是朗朗读书时，仅仅因为平时被欺负的次数太多，便一时难抑出气的冲动，相约放学后去打架，出手不慎导致昔日的同学重伤医治无效死亡，接到判决书时被告人流下了悔恨的泪水。案子虽已办理完毕，但留给几个家庭的伤害是难以挽回的。

这个案子过去已久，每每想起，我便心痛，心痛之余，想得更多的是青少年法制教育问题。如何正确引导青少年从小树立法制观念，帮助他们身心健康成长也是我们检察机关义不容辞的责任。有人说办好案件是业绩，其实，搞好预防、减少犯罪也是我们检察工作的重要职责。

＊作者单位：陕西省千阳县人民检察院。

狗与人的哲学

杨安瑞*

当下，狗与人的关系进入了历史上的蜜月期。即便某些人视狗如同己出，并以狗爸爸、狗妈妈自居，但还是极少有人愿意与狗为伍，这是作为万物之灵的人类的傲慢与偏见。但是，不少人从事的勾当，却为狗辈所不齿。

狗见到骨头，会不讲斯文与体面地扑过去，甚至不惜与同类厮咬相搏，在狗的眼中，香喷可口的骨头是生命的全部。为了得到骨头，它可以以生命作代价。

人与狗的不同在于组成了富有道德感和人情味的社会。在这个社会母体中，对于金钱和其他物质利益的追逐与猎取有着非同另类的准则：君子爱财，取之有道。古人说过：天地之间，物各有主，苟非吾之所有，虽一毫而莫取，可以说是对这项准则的最好诠释。难怪乎孔融让梨的故事在中国一直盛颂不衰——见利思义是人在"骨头"面前的哲学。

偏偏有一些不争气的现代人，让我们人类降尊纤贵，甚而至于在狗辈面前自惭形秽，无地自容。

曾看到这样一则报道：某市盘踞当地多年的一涉黑犯罪团伙"盖子"被揭开后，一些犯罪分子的"肺腑之言"让人深思：狗有时也不太好喂，可这些腐败官员们却比狗好养多了，任你喂什么他们都吃，送什么都要。有时把他们的毛理顺了，他们会很乖巧地按照"主子"的吩咐走钢丝、跳火圈，那幅丑态，让你开心得都想笑出声来。若拿了这些东西喂狗，它们能让你这么开心吗？

这些犯罪分子，可以说是号准了我们某些贪官的脉，点中了我们某些贪官的穴位。几乎是一种雪崩式的连锁反应，每当一个影响当地的大要案尘埃落定后，总会拔出萝卜带出泥，牵带出一个个身份不菲的"公侯"来。刘志军、刘铁男、蒋洁敏、李东生……无一不是如此中枪倒下。究其所以，是这些被我们一直奉为公仆的贪官们漠视了先人的良训，泯灭了自己的良知，背弃了党的纪律和做人的原则，更将一个共产党员应当具有的形象与尊严践踏揉碎，终至银铛入狱，众叛亲离。

你说，这样的人除了绳之以法外，不应该打入狗之另册吗？

＊作者单位：最高人民检察院。

《检察调研与指导》征稿启事

《检察调研与指导》由最高人民检察院法律政策研究室和检察日报社共同编辑出版，其创办旨在探讨检察工作，交流办案经验，解决实践问题，以基层检察院和基层检察干警为主要服务对象。欢迎从事检察实务和理论研究的检察官、检察业务专家、学者和其他法律工作者积极投稿。

一、栏目设置

本刊物内设栏目分常设性栏目和选设性栏目，根据具体来稿情况确定。

高层声音：主要刊登最高人民检察院领导及其内设机构负责人关于检察工作、检察改革的调研文章，介绍有关检察调研工作的重要部署和工作要点等。

专题调研：就检察工作中某一专项问题进行具体深入的调查研究。特点是主题明确、内容集中、具体深入、针对性强。

实务研究：刊登有关反贪、反渎、侦监、公诉、民行等具体检察实务工作中，具有一定理论水平的研究成果或系统性工作经验总结。

疑案剖析：对已有处理结果的典型疑难案例从法理角度进行剖析和思考。

法意阐释：探求立法者在制定法律时的意图进而对法律条文进行解释；阐述重要司法解释的法理依据和具体内涵。

案例指导：刊发具有指导示范作用的典型案例。包括最高人民法院、最高人民检察院发布的指导性案例，最高人民检察院各业务厅及各省级检察院发布的具有指导参照作用的案例。

调查报告：对某项检察工作、某项司改措施、某个法律事件或具有法治背景的社会事件，经过深入细致的调查，并将相关材料加以整理、分析、研究而形成的书面报告。

典型经验：单位或个人在具体检察工作中积累的有借鉴意义的典型经验和做法。

司改前沿：介绍司法改革的最新阶段性成果，研讨检察改革中的理论问题，介绍检察改革的经验做法。

基层风采：图文并茂，以彩页形式介绍、展示先进检察院的风采。

检察文苑：以活跃检察文化为目的，刊载艺术性、可读性较强的法制文学、检察文学作品；选登检察官拍摄的优秀摄影作品，要求图片清晰，立意高远，标题简明，生动传神，契合检察工作主题。

二、投稿要求及注意事项

（一）稿件请采用电子版格式，以 Word 或 Wps 格式录入。

（二）稿件内容要有原创性和时效性，篇幅以 3000—5000 字为宜。特殊情况下，不超过7000 字。

（三）文章末尾请务必注明作者姓名、工作单位、职务职称、联系电话、联系地址、邮政编码等。

（四）数据引用必须准确并注明出处。

（五）文责自负，一旦发现作者有抄袭、剽窃等侵犯著作权行为，依照法律程序处理。

（六）注释采用脚注方式并符合规范。

举例说明：

1. 著作类引文注释规范

作者：书名，出版社、出版年份、版次，页码。

例如：

①赵秉志主编：《英美刑法学》，中国人民大学出版社 2004 年版，第 366 页。

②〔英〕梅因：《古代法》，沈景一译，商务印书馆 1984 年版，第 69 页。

2. 文章类引文注释规范

作者：文章名，所载图书、报刊名，图书卷次、报纸日期、杂志期次等，引文来自图书的须注明出版社、出版年份。

例如：

①陈雷：《国际反腐败机制中的资产追回制度研究》，载《法学》2004 年第 8 期。

②李奋飞：《司法如何赢得公众信任》，载《检察日报》2014 年 5 月 28 日。

③龚祥瑞：《比较宪法学的研究方法》，载《比较宪法研究文集》第 1 册，南京大学出版社 1993 年版。

三、联系方式

1. 发送电子邮件（邮件主题须有"投稿"字样，最好注明投稿栏目）

外网：jcdyyzd@163.com　　内网：yanganrui@gj.pro

2. QQ 在线联系

群名：检察调研与指导编辑部　　群号：307124352

3. 电话联系

编辑：010-68630476，88953983

发行：010-68633697，53390190

地址：北京石景山区香山南路 111 号 检察日报社《检察调研与指导》编辑部

邮编：100144

《检察调研与指导》征订单

银行汇款

户　名：中检清正文化传播（北京）有限公司

开户行：工行北京八大处支行

账　号：0200 0135 0920 0067 955

银行行号：1021 0000 1354

邮局汇款

收款人：中检清正文化传播（北京）有限公司

地　址：北京市香山南路 111 号

邮　编：100144

联系人：张志玲　陈玉玲　　QQ 群：307124352

电　话：010 － 68633697 53390190　　　　**传　真：**010 － 68630476 68633697

请**详细填写**以下回执单，以传真或 QQ：3076282393 方式**及时**回传至《检察调研与指导》编辑部。

征订书名	《检察调研与指导》2014 年创刊第 1 期 定价 30 元	订　数		金　额	
	《检察调研与指导》2015 年 1-6 期 总定价 180 元	订　数		金　额	
汇款总金额		汇款方式	邮局 □　　银行□		
是否开具发票	是□　　否□	发票抬头			
订阅单位		收件人			
收件地址		邮　编			
联系电话		手　机			

（回执单复印有效）